SHIVANI GOODMAN, Ed. D.

9 PASSOS PARA REVERTER OU PREVENIR O CÂNCER E OUTRAS DOENÇAS

Aprenda a cura interior

novo século

Direção Geral *Nilda Campos Vasconcelos*
Supervisão Editorial *Silvia Segóvia*
Editoração Eletrônica *Sergio Gzeschnik*
Capa *Carlos Guimarães*
Revisão *Fernanda Umille*
Vera Lucia Quintanilha
Tradução *Grace Khawalli*

Dados Internacionais de Catalogação na Publicação (CIP)
(Câmara Brasileira do Livro, SP, Brasil)

Goodman, Shivani
9 passos para reverter ou previnir o câncer e outras doenças ; [tradução Grace Khawalli] — Osasco, SP : Novo Século Editora, 2007.

Título original: 9 steps for reversing or previnting cancer and other diseases.

1. Cura pela mente 2. Medicina psicossomática 3. Psiconeuroimunologia
I. Título.

07-0223 CDD-616.08
NLM-WM 460

Índices para catálogo sistemático:

1. Doenças : Manifestações psicossomáticas : Medicina psicossomática 616.08

2007

Av. Aurora Soares Barbosa, 405 – 2° andar – Osasco – SP – CEP 06023-010
Fone (11) 3699-7107
www.novoseculo.com.br
editor@novoseculo.com.br

Ao meu filho, Steven

Você tem sido o melhor filho que
uma mãe poderia desejar.
Você é um farol de luz e minha
inspiração.

Por sua honestidade e abertura,
aos queridos alunos e pacientes
do mundo todo – vocês são meus
professores.

Também dedico este livro a você,
querido leitor, para que tome
posse do seu inteiro potencial.

AGRADECIMENTOS

Sou eternamente grata a O. Carl Simonton, M.D., pioneiro no campo da ciência mente/corpo, por ajudar-me na jornada com meu próprio câncer. Ele me ensinou o saudável valor de uma crença, o poder curativo das decisões saudáveis e a ver meu câncer como uma mensagem de amor. O que aprendi me inspirou a seguir em frente e a desenvolver meu próprio programa.

Sou eternamente grata a Babaji Maha Avatar Haidakhandi, por me guiar na senda espiritual: que todo ser humano seja beneficiado e liberado.

Sou eternamente grata a você, Hanne Strong, por seu encorajamento à minha decisão de curar a mim mesma.

Agradeço a John, meu ex-marido, por partilhar 32 anos de minha vida.

Agradeço a Sharon Rose, por criar os Círculos de Cura (Healing Circles). E sou grata por sua soberba capacidade em transformar meu trabalho em um livro.

Agradeço a Soma Krishna, por me ensinar os exercícios tibetanos de cura, que tanto me ajudaram.

Agradeço a Bud Feder, Ph.D., por me ensinar a Terapia Gestalt.

Agradeço a Les Fehmi, Ph.D., diretor do Instituto de Biofeedback em Princeton, Nova Jersey, por me ensinar o exercício para aliviar a dor.

Agradeço a Dolores Krieger, por sua pesquisa e trabalho em Toque Terapêutico, e ao mestre Mantak Chia, por me ensinar o exercício do circuito de energia curativa.

Também agradeço a Deepak Chopra, M.D.; Bernie Siegel, M.D.; Dean Ornish, M.D; Gerald Jampolski, M.D.; Arnold Lazarus, Ph.D.; Richard Alpert, Ph.D; Wayne Dyer, Ph.D.; Laura Perls, Ph.D.; Richard Erskine, Ph.D.; Chris Gilbert, Ph.D.; Milton Klein, Ph.D.; Tim O'Connel, Ph.D.; Marianne Williamson; Neale Donald Walsh; Louise Hay; Stephen Covey; Thomas Moore; David Whyte; Tirza Moussaieff, M.A.; Barbara Rosenbaum, Ph.D.; Elaine Braff, M.A.; Sharon Fraquamont, Ph.D.; dr. Laurie Eaton; dr. Ilchi Lee; Howard Wills; Shri Chinmoy; dr. Zengo Yaul; e R. Ibrahim Jaffe, M.D., por tudo que me ensinaram.

Sou profundamente grata a meus pais, Remo e Leah, que me ensinaram a ser corajosa, e aos meus 11 magníficos irmãos e irmãs – agradeço-lhes por estarem em minha vida!

S.G.

ADVERTÊNCIA

O programa de *9 passos para reverter ou prevenir o câncer e outras doenças* não tem a finalidade de substituir tratamento ou conselho médico.* Consulte os profissionais de saúde especializados na área do seu problema para orientá-lo.

Este livro está baseado em minhas experiências e observações, enquanto aprendia a reverter meu próprio câncer e outras doenças, bem como trabalhando com milhares de pacientes e participantes de *workshops* sofrendo de enfermidades diversas. Estas são as ferramentas que ajudaram a tantas pessoas no mundo inteiro.

Não curo as pessoas. Ensino-as a chegarem à causa de sua doença e a curar a si mesmas a partir do seu interior. Mudanças acontecem de dentro para fora. A menos que se cure a causa subjacente, a doença pode voltar. Mostro-lhe as ferramentas e então você mesmo fará uso da sabedoria que está dentro de si mesmo. Use este livro como um guia para ajudá-lo a encontrar em sua própria sabedoria interior o que é certo para você. Pegue o que funciona e despreze o restante.

O nome dos meus pacientes foi mudado, exceto quando me foi dada permissão para revelar identidades verdadeiras.

---

* O propósito deste livro é apenas educar; assim, contamos com a compreensão de que a autora e o editor não terão nenhuma obrigação ou responsabilidade por qualquer dano causado ou alegado direta ou indiretamente pela informação ou conselho nele contido.

Meu objetivo ao escrever este livro foi ajudar, aliviar a dor, o sofrimento e a doença levando mais equilíbrio e bem-estar a este mundo. Possa o livro ser uma aventura por novos caminhos de pensar, viver e curar.

SUMÁRIO

PREFÁCIO

Conheci Shivani Goodman na Conferência de Escritores de Maui onde ensino todos os anos. Tinha acabado de descobrir o primeiro livro de Shivani, *Lessons from the Master: one woman's journey to self-healing* (*Lições do mestre: A trajetória de uma mulher para a própria cura*), nas mãos de um bom amigo e estava perguntando onde poderia conseguir um exemplar, quando, nesse exato momento, Shivani passou por ali e meu amigo a convidou a juntar-se a nós.

Shivani me perguntou se eu estaria interessado em experimentar um exercício de 5 minutos que recentemente tinha ajudado um médico a curar seu câncer de cólon em uma semana.

"Claro", respondi, sempre aberto a experimentar alguma coisa nova que pudesse ser usada para os outros. "Vamos nos encontrar em 10 minutos", acrescentei.

Quando estava indo ao encontro de Shivani, espontaneamente apontei para duas pessoas que conhecia e disse: "Você e você venham comigo". Havia cerca de oito pessoas sentadas em um canto distante do pátio, quando Shivani nos guiou através de seu exercício. Quando abri os olhos no final da experiência de 5 minutos, estava me sentindo em total beatitude.

"Cura de 5 minutos", disse a Shivani, "é como eu chamaria isso".

Então aprendi que o que a doutora Goodman estava tramando estava em consonância com meus mais profundos valores de dar poder a pessoas comuns para levar vidas extraordinárias. Ela devotou sua vida a prevenir a dor, a doença e o sofrimento.

Psicóloga com 25 anos de experiência ajudando milhares de pessoas em todo o mundo, Shivani descobriu em 1992 que tinha câncer de mama. No começo achou que era brincadeira. Ali estava ela ensinando técnicas de autocura somente para descobrir-se na mesma situação de seus pacientes.

Ela agora tinha de tomar uma decisão. Ou seguir a recomendação convencional de cirurgia, quimioterapia e radioterapia, ou experimentar seu próprio método. O que aconteceu em seguida foi uma montanha russa da dúvida para a convicção, da tristeza mais profunda para a maior alegria, que ela tão eloqüentemente expressa neste livro.

Foi esse o momento definitivo de sua vida que lhe deu profundas visões interiores da conexão mente/corpo. Percebendo a dádiva que tinha recebido por intermédio de suas novas visões, ela usou seu conceito para forjar um programa e os fundamentos da autocura que tem ensinado em classes e seminários por vários anos. Seus alunos podem atestar os milagres que experimentaram quando perceberam o poder de sua própria mente para curar.

Neste excelente livro, a dra. Goodman nos mostra como assumir o comando de sua própria vida e curar a si mesmo em vez de entregar essa responsabilidade a um médico ou outra pessoa.

A dra. Goodman o leva através do processo de visualização, antiga tecnologia de autocura, e identifica as atitudes autotóxicas que criam a doença ou a dor em primeiro lugar.

Ao contrário de muitos livros sobre cura, o da dra. Goodman é um método passo a passo que dá resultados maravilhosos – tanto que ela tem devotado sua vida a ensinar esses métodos a outros em seminários e *workshops*.

Tiro meu chapéu para esta mulher que continua a fazer tanto bem àqueles que estão dispostos a explorar os métodos provados e, freqüentemente, sutis, que ela ensina. Para isso é dentro dessas páginas que seu trabalho se expandirá e o bem que tem feito será muitas vezes ampliado. Orgulho-me de conhecer esta excelente mestra e o trabalho que tem feito. E estou feliz de que você também possa colher os benefícios do seu compromisso com a saúde e a cura.

Jack Canfield
Co-criador da série:
Histórias para aquecer o coração

INTRODUÇÃO

Nos últimos 32 anos, estudei a poderosa conexão entre a mente e a cura.

Como oncologista, conheço bem os métodos convencionais de tratamento que o câncer requer. Contudo, 32 anos atrás, escolhi me dirigir à mente e às emoções de meus pacientes além da medicina tradicional, e fui co-autor de um dos primeiros livros sobre a conexão mente/corpo intitulado *Getting well again* (editado no Brasil com o título *Com a vida de novo,* pela Editora Summus).

O livro foi bem recebido e acabou traduzido em 32 línguas tornando-se um *best-seller*. Desde essa época, tenho advogado o poder da conexão mente/corpo para curar e efetuar dramáticas transformações na vida daqueles que sofrem de dor ou de alguma doença. Desenvolvi processos de aconselhamento e treinamento de conselheiros padronizados internacionalmente.

O livro da dra. Goodman é um manual do tipo "Faça você mesmo" para curar-se. Uma característica única deste livro é a capacidade da autora para ensinar as pessoas a voltar-se ao seu interior e curar-se a si mesmas. Goodman diz que não cura as pessoas; lhes mostra como ser seu próprio terapeuta – como conectar-se ao médico interior e encontrar respostas para resolver qualquer problema na vida, seja ele um câncer, uma crise de relacionamento ou um problema financeiro.

9 passos para reverter ou prevenir o câncer e outras doenças é também um guia de como usar a inteligência do corpo para curar-se sozinho. O livro apresenta antigas curas guiadas pela imaginação e exercícios simples extraídos das pesquisas mais recentes da medicina mente/corpo. Os processos fornecem orientação de como mudar atitudes de auto-sabotagem tóxica e dar poder ao indivíduo para saber que tem a capacidade de ser saudável e alegre.

De tempos em tempos aparecem livros que ajudam a elevar a consciência da humanidade a um novo nível de compreensão e cura. Livros que mostram como sentir alegria, amor, paz e melhorar a saúde e a qualidade de vida são dádivas raras. Considero *9 passos para reverter ou prevenir o câncer e outras doenças* uma dessas dádivas. A intenção deste trabalho é clara: diminuir a doença, a dor e o sofrimento na vida das pessoas. Creio que a orientação é simples e muito clara para se fazer exatamente isso. Os processos de autocura da experiência desta psicóloga com seu próprio câncer avançado aumentaram sua capacidade em ajudar outras pessoas. Constate isso por si só enquanto lê este excelente guia para a boa saúde. A dra. Goodman está em um caminho que sinto pessoalmente ser a medicina do futuro.

Muitas disciplinas espirituais ensinam o conceito de doença como bênção. Ela é um sinal de que estamos fazendo alguma coisa que está interferindo fundamentalmente em nossa natureza harmoniosa. O propósito da enfermidade é aumentar nossa consciência do problema para que possamos corrigi-lo e crescer através do processo de autocura. Também é claramente comunicado que nenhuma culpa ou vergonha é producente porque essas emoções simplesmente causam mais sofrimento e mais doença.

Para mim, o livro da dra. Goodman ajuda a nos guiar através desse processo.

O. Carl Simonton, M.D.,
autor de *The getting well again*

PARTE I

DESCOBRINDO A CAUSA DO CÂNCER E DE OUTRAS DOENÇAS

capítulo 1

USANDO A CONEXÃO MENTE/ CORPO PARA DESCOBRIR A CAUSA

"Minha irmã teve câncer de mama há dez anos e agora foi diagnosticada de um câncer ósseo terminal", disse-me Jack ao telefone. "Os médicos de Ângela disseram que não existe nada que possam fazer para ajudá-la, nem mesmo cirurgia ou quimioterapia deterão esse câncer."

Encontrei Jack pela primeira vez em uma conferência das Nações Unidas em Istambul e mantivemos contato por dois anos. Ofereci-me para ensinar a Ângela meu programa de exercícios de autocura. No dia seguinte, eles voaram de Paris para encontrar-me.

Ângela estava pálida como um fantasma e encurvada. Não conseguia andar sem uma bengala, seus olhos estavam esbugalhados de terror. Estava consumida pelo medo da morte e por outro receio: sua filha de 19 anos lhe era muito apegada e dissera a Ângela que não podia viver sem ela.

Enquanto trabalhávamos na Rotina de Cura Diária, Ângela relembrou uma quantidade de experiências infantis nas quais se sentiu abandonada, não amada e rejeitada pelos pais. Aos sete anos, foi enviada a um internato quando os pais se divorciaram. Achou que tinha sido mandada embora por ter feito alguma coisa errada.

"Eu acreditava que era estúpida, feia e que ninguém me amaria", disse Ângela. "As palavras, 'Saia de perto de mim, você não é desejada', subitamente brotaram de minha memória. Lembro-me de que tinha medo de meu pai – que me batia – e de minha madrasta – que me criticava. Aprendi a sentir medo de todos que conhecia. Tornei-me invisível e silenciosa como se não existisse. Era muito tímida, sempre tentando fazer e dizer as coisas certas para que as pessoas não se zangassem comigo. Como gritavam comigo constantemente, acabei achando que eu era inferior, um fracasso. Quando essas memórias voltaram, senti uma profunda dor em meu coração e na minha coluna.

"Quando pratiquei o exercício de autocura de 5 minutos, foi muito bom o sentimento de preencher minha dor com amor. Enquanto continuava os exercícios, imaginei-me conversando com meu eu interior e ele vagarosamente começou a sentir-se melhor. Vi seu sorriso, sua risada e então o vi dançando com alegria e correndo para fora para brincar com suas amiguinhas sentindo-se feliz e divertindo-se.

"Então percebi que ainda sentia todas essas mesmas emoções negativas em minha vida de agora. Quando me tornei consciente disso, a imagem de uma mulher sábia e mais velha apareceu em minha mente. Era radiosamente bela, brilhando de alegria e saúde. Intuitivamente, soube que aquela era eu no futuro, parecendo cheia de juventude. Escutei-a repetir para mim as mesmas palavras que eu dissera à menininha. Ela me mostrou um futuro excitante e cheio de realizações.

"Percebi então que o meu câncer e as minhas dificuldades na vida estavam encobrindo a questão real de estar desconectada da minha essência verdadeira de amor e alegria. Também percebi que meus sentimentos de vergonha e falta de auto-estima estavam destruindo meu corpo.

"Enquanto essa nova consciência se estabelecia, uma suave e gentil sensação de amor borbulhava em meu coração. Senti como se estivesse voltando ao lar do meu *self* real. Sabia que era esse amor que estava me curando. Pela primeira vez pude sentir o perfume das flores no aposento. Abri meus olhos e me senti exultante, sabendo que me curaria."

Quando Ângela praticou o exercício de "criar felicidade e encontrar sua paixão", uma imagem apareceu em sua mente sobre os tempos felizes que teria ainda com seus futuros netos. Mais tarde ela me escreveu: "Com dois dias de prática do seu método, minha dor tornou-se muito menos severa e comecei a caminhar sem a bengala. Esqueci-me totalmente de que não conseguia andar sem ela".

Um vizinho meu, que encontrou Ângela no elevador, me perguntou: "O que aconteceu? Ela parecia uma morta-viva quando a vi dois dias atrás. Agora é uma nova pessoa, sorridente, as faces rosadas e radiantes. É difícil acreditar que seja a mesma mulher".

Depois que eles voltaram para casa, o irmão de Ângela, que era alcoólatra e tinha assistido a algumas de nossas sessões, ligou para dizer: "Não foi somente minha irmã que se curou, eu me curei também. Não experimento mais a dor emocional e mental. Parei de beber. Estou muito grato".

Um ano depois, Ângela escreveu: "O tumor em meu peito diminuiu significativamente e os médicos estão dizendo que não sou mais uma doente terminal, que agora podem me operar. Recusei suas recomendações e continuo a trabalhar em minha autocura. Sinto que seu programa salvou minha vida. Estou me sentindo ótima".

Ângela, mais tarde, me contou que continuou a fazer os exercícios e que agora está livre da dor – física e emocional – e gozando boa saúde. Jubilosamente contou que estava pajeando sua primeira neta recém-nascida.

Dois meses depois, Ângela me ligou para contar que tinha feito um *check-up* e seu hemograma estava normal. Seu médico disse-lhe que estava em remissão e que não precisaria vê-la pelos próximos seis meses. Estava admirada de que exatamente há cinco anos os médicos lhe tivessem dito que era uma doente terminal.

Infortunadamente, poucas pessoas aprendem as técnicas de autocura que salvaram a vida de Ângela. Uma em cada quatro mortes nos Estados Unidos é causada pelo câncer e metade de todos os americanos hoje, ou *mais de 92 milhões* de pessoas, terão um câncer durante a vida. *Quarenta por cento das pessoas diagnosticadas hoje com câncer não estarão vivas em cinco anos.* Mais crianças abaixo de 15 anos morrem de câncer que de qualquer outra doença. E a taxa de mortalidade continua a subir enquanto se prevê que o câncer, em breve, tomará o lugar das doenças cardíacas como o assassino número um. Além disso, milhões de pessoas estão sofrendo de outras enfermidades que limitam ou acabam com sua qualidade de vida.

Não apenas os tratamentos convencionais não estão funcionando como custam fortunas, o que ameaça a segurança financeira de famílias ao longo do país. O Instituto Nacional do Câncer estima que a doença custa aos americanos 60 bilhões de dólares por ano em contas médicas. Olhando para outras doenças, como as doenças cardíacas, uma única cirurgia de ponte de safena pode chegar a custar 50 mil dólares. Tristemente, muitos pacientes passam por esse procedimento às vezes até por três vezes.

O que aprendemos da medicina mente/corpo é que cirurgia e drogas apenas removem os sintomas da doença, não sua causa. A menos que se cure a causa, enfermidades como cardiopatias e câncer recorrerão. A experiência tem me mostrado que nossas atitudes de auto-sabotagem são como venenos para o corpo, enfraquecendo e eventualmente desabilitando o sistema imunológico, criando doença. Mudar essas atitudes tóxicas em decisões curativas capacita o organismo a curar-se sozinho. Sintomas são mensagens do corpo que atitudes tóxicas estão causando efeito deletério no organismo.

Meu próprio triunfo sobre o câncer e meu trabalho com aqueles que desafiam a doença pelo mundo me ensinaram que o câncer e outras doenças são o resultado de se negar a bondade e a dignidade inerentes e da nossa identificação com não ser suficientemente bom ou digno. Tornamo-nos cheios de medo e dúvida – em vez de aproveitar do amor e da alegria do nosso verdadeiro *self* – e com isso o corpo começa a se avariar.

Este livro detalha o programa que reverteu meu câncer e ajudou a muitos de meus pacientes e participantes de *workshops* no mundo todo a fazer o mesmo. Ser-lhe-ão mostrados os bloqueios psicológicos e espirituais que detêm o fluxo da força vital através do corpo, o que realmente causa a doença, e assim você aprenderá a dissolver esses bloqueios para que o corpo possa curar-se a si mesmo.

Descobrirá como negou suas necessidades quando tomou decisões contra si mesmo. E aprenderá como reconectar-se com sua bondade encontrando felicidade e paixão pela vida que naturalmente lhe trarão alegria e saúde. Este programa lhe mostrará como curar a si mesmo em todos os níveis – física, emocional, mental e espiritualmente. Finalmente, você aprenderá a criar um ambiente curativo de sustentação que reforçará seu novo e saudável agir e pensar enquanto você está se curando.

A medicina mente/corpo e a psiconeuroimunologia

Como a cirurgia e a quimioterapia não impediram a recorrência do meu câncer, eu sabia que tinha de buscar em outro lugar. Em minha jornada de volta à saúde, tentei muitas terapias alternativas diferentes e visitei muitos curadores. Alguns foram úteis em algum sentido, outros não fizeram nada por mim, alguns foram pura perda de tempo e dinheiro, outros me fizeram piorar e outros ainda colocaram em risco minha saúde. Tentei dietas especiais, desintoxicando meu corpo e até mesmo visitei um Xamã. Mas nenhuma dessas coisas funcionou. Não podia suportar comer comida insatisfatória pelo resto da vida. Desfrutar comida saborosa tinha sido sempre uma fonte de prazer da qual não queria abrir mão. O que me atraiu então foi o emergente campo da medicina mente/corpo. Como psicóloga, compreendia como a mente afeta o corpo.

Em 1984, fundei e dirigi o Centro de Biofeedback, Psicologia e Controle do Estresse em Livingston, Nova Jérsei. Tinha longa prática na clínica particular e ajudado milhares de pessoas a resolver uma variedade de problemas, de desordens emocionais a físicas. Tornei-me conhecida por minha competência em reverter desordens psicossomáticas usando terapia gestáltica, biofeedback e auto-hipnose. A benéfica combinação dessas modalidades me levou a desenvolver um programa que ajudou a aliviar muitas desordens fisiológicas, como hipertensão, úlceras, artrite, reumatismo, dor de cabeça e dor nas costas. Todos os tipos de dores eram tratados com sucesso. Eu também lidava com ansiedade, depressão, fobias, problemas de relacionamento e outras desordens psicológicas diariamente. Essa combinação de modalidades foi útil em todos os casos com os quais lidei.

Minha pesquisa com biofeedback me mostrou como a mente afeta o corpo. Além disso, numerosas descobertas validadas confirmaram a capacidade da mente em reverter desordens fisiológicas. Compreendi *que existe uma resposta psicológica em cada célula do corpo para cada pensamento que temos.*

Quando o câncer apareceu em minha vida, comecei explorando a possibilidade de que a teoria da conexão mente/corpo poderia também se aplicar ao câncer. Estudei extensivamente, pesquisando artigos e participando de muitos programas e seminários. Primeiro aprendi sobre o campo de pesquisa científica chamado psiconeuroimunologia, ou PNI, de O. Carl Simonton, M.D., pioneiro na medicina mente/corpo, quando assisti seu seminário de cinco dias em Los Angeles.

Analisada sua estrutura de formação, a palavra psiconeuroimunologia significa que pensamentos (psico) afetam o sistema nervoso (neuro) que então afetam o sistema imune (imunologia). O dr. Simonton introduziu descobertas a partir de pesquisas validadas que mostraram como os pensamentos negativos, que produzem estresse emocional (em nosso sistema nervoso), afetam nosso sistema imunológico.

O *The getting well audio program guidebook*, de Simonton, afirma na página 17:

> "O sistema imune – defesa natural do corpo – está programado para conter ou destruir quaisquer células

> cancerosas, que o pensamento médico convencional sugere que todos temos em nossos corpos de tempos em tempos. A supressão do sistema imune, portanto, pode resultar em crescimento canceroso. Estresse emocional (...) produz uma supressão do sistema imune que deixa o corpo suscetível ao desenvolvimento do câncer."

Criando ambiente para a doença

Se nossos corpos têm capacidade inata para curar-se e recuperar-se dos efeitos de estresse, lesões e enfermidade, o que cria o ambiente para a doença se desenvolver? A pesquisa em PNI indica que *pensamentos, atitudes, crenças e imagens que mantemos em nossa mente afetam nossas emoções e nossos sistemas nervoso e imune*. Nosso estado emocional e mental tem o potencial de enfraquecer ou ativar o sistema imune contra a doença.

The getting well audio program guidebook continua na página 8:

> "O ponto a ressaltar aqui é que alguma coisa está acontecendo na pessoa que contrai câncer para criar essa suscetibilidade (...) Que falha nas defesas corporais permite a essas células se reproduzirem em um tumor que lhe ameaça a vida neste momento? O que inibe o sistema imune de executar as funções que vinha executando com sucesso por tantos anos?"

> "As respostas a estas questões nos levam de volta aos fatores emocionais e mentais em saúde e doença. Os mesmos fatores que podem determinar porque um paciente vive e outro, com diagnóstico e tratamento idênticos, morre, também influenciam em porque uma pessoa contrai uma doença e outra não".

Por exemplo, as pesquisas em PNI mostram que nem todo mundo que fuma tem câncer.

The getting well audio program afirma:

> "(...) quando expostas a substâncias cancerígenas, a maioria das pessoas permanece saudável (...) se o que produz o câncer fosse a exposição à nicotina e ao alcatrão, todos os fumantes inveterados contrairiam a doença. *Contudo, a maioria dos fumantes inveterados não contrai câncer de pulmão.*" [itálico do autor]

> "(...) Existem taxas de incidência de câncer substancialmente diferentes entre pacientes com diferentes tipos de problemas mentais e emocionais. Estas pistas apontam para significativas conexões entre estado emocional e doença."

O que as atitudes tóxicas fazem ao corpo

As recentes pesquisas em PNI mostram que pensamentos e emoções negativos lentamente destroem nosso sistema imune até que a doença aparece. Esses pensamentos e emoções negativos materializam-se em atitudes que são tóxicas para o corpo e nos fazem adoecer. Atitudes fortemente sarcásticas, céticas e pessimistas criam bloqueios que detêm o fluxo da energia vital (hormônios, químicas e nutrientes costumeiramente enviados a todas as partes do corpo) enfraquecendo o sistema imune até que a doença começa. Se essas atitudes destrutivas não forem mudadas, o desconforto cresce e a doença piora, finalmente nos levando a morte.

Em minha experiência com pacientes de câncer e outras doenças em todo o mundo usando o programa apresentado na Parte II deste livro, determinei que são nossos bloqueios psicológicos e espirituais que nos impedem de gozar saúde radiante. Tendo também estudado numerosas tradições antigas de cura por mais de 30 anos, aprendi que questões psicológicas não resolvidas criam tensão interna. Essa tensão bloqueia o fluxo de força vital no sistema mente/corpo. Esses bloqueios são a causa das doenças que se desenvolvem em nosso corpo físico.

A dra. Margo de Kooker, médica especializada no campo da medicina comportamental, afirma em "Uma visão geral da psiconeuroimunologia", artigo de janeiro de 1999, para o *Rennaissance Magazine*:

> "O que o campo da PNI nos diz é que cada parte do nosso sistema imune está conectada ao cérebro de alguma maneira. O sistema imune é sensível a químicas secretadas pelo cérebro em resposta ao nosso processamento mental-emocional (humores e sentimentos)."

> "A pesquisa em PNI nos ajuda a compreender as interações entre os estados mentais e emocionais, o funcionamento do sistema imunológico e a saúde resultante. *Em cuidados de saúde, fomos da revolução cirúrgica passando pela revolução química e entramos na revolução comportamental."* (itálico da autora)

> "No mundo real, o que a PNI prova é que o que acontece em nossas mentes ao nível de nossa percepção (e a reação emocional a essa percepção) pode ter efeitos reais em nosso sistema imune. Este conceito, afinal, não é novo e a antiga sabedoria tem nos encorajado sempre a nos concentrar em manter mente sã para um corpo são. Mas somente agora somos capazes de provar e compreender as conexões."

> "(...) emoções persistentes não resolvidas e maneiras inflexíveis de agüentar-se podem tornar-se fonte de

> estresse crônico de baixa intensidade, que pode danificar o funcionamento do sistema imune (...) Dependendo da sua genética, de uma condição física enfraquecida ou de uma doença existente e você pode estar sentado em uma bomba relógio."

Minha experiência é que emoções não resolvidas e atitudes tóxicas criam um conflito interno que impõe um incrível estresse sobre os sistemas do corpo e resulta no colapso do sistema imunológico. Emoções danosas ou não resolvidas podem tomar muitas formas. Por exemplo, cada vez que nos preocupamos, duvidamos, tememos, carecemos, odiamos, julgamos ou nos ressentimos de alguém ou de alguma coisa, isso literalmente interrompe o processo natural de cura e rejuvenescimento do corpo. Primeiro, as ad-renais se tornam estressadas, depois o sistema nervoso e finalmente os hormônios. Essa contínua interrupção no ritmo do processo de cura natural do corpo – como um liga/desliga – cria uma guerra dentro do organismo. O corpo começa a colapsar e a atacar a si mesmo. E o processo conhecido como doença se inicia.

Emoções não resolvidas são resultado de experiências emocionais do passado que você ainda está retendo e das quais nunca se livrou. Por exemplo, relembre as ocasiões em sua vida em que se sentiu traído, abusado, explorado, injustiçado, enganado, vítima de mentiras, calúnias ou gozações (especialmente na infância), tratado desrespeitosamente, de gente que implicou com você, o fez sentir-se inferior ou indigno, criticado ou ferido de outras maneiras.

Essas emoções ficam armazenadas no corpo até você ter um tornado emocional espreitando, inexpresso e reprimido. E finalmente elas começam a destruí-lo por dentro. Você não sabe até que começa a sentir desconforto físico, como dor de cabeça, dor nas costas e outros incômodos. Se não presta atenção e descobre maneiras de liberar com o bloqueio emocional, os sintomas se intensificam e você então recebe um diagnóstico de hipertensão, úlcera, enxaquecas e outras coisas mais.

Tomar drogas para aliviar sintomas é como colocar um curativo em uma ferida profunda. Esses sintomas precisam ser curados no seu cerne. A causa psicológica precisa ser identificada e sanada. Tomar drogas pode complicar as coisas mais adiante. Você dá voltas sentindo-se emocionalmente infeliz por 30 ou 40 anos, inconsciente de que o que provavelmente está causando toda essa infelicidade são camadas de raiva soterradas em relação a uma ou, mais comumente, a muitas pessoas. Então você arruma um câncer ou outra doença e toma mais medicação e venenos que enfraquecem mais ainda o sistema imune. Embora certas drogas dêem alívio temporário aos sintomas, não chegam à causa da doença, que continua a crescer lá dentro.

A medicina tradicional nos ensinou a buscar a causa e a cura fora de nós, em vez de em nosso interior, onde a causa está esperando ser resolvida para o corpo poder executar seus processos naturais de cura. Drogas e cirurgia são apenas medidas temporárias para tentar aliviar os sintomas. Contudo, drogas, cirurgia, dieta, vitaminas, desintoxicação e exercício não farão a doença ir embora a menos que você cure também suas emoções.

O maior remédio é liberar a dor emocional e colocá-la para fora do nosso corpo.

Até que se libere a dor emocional, o corpo vive em constante estado de estresse e continua a deteriorar-se. E você nem mesmo percebe porque tem vivido dessa maneira por muitos anos. Não reconhece que está estressado e cheio de angústia até seu corpo começar a adoecer. A doença é a maneira do corpo de tentar livrar-se do estresse. Quando se carrega um estresse de longo prazo, está-se literalmente "vivendo no passado". Quaisquer que sejam, traumas emocionais experimentados por anos se manifestam no corpo como enfermidade, especialmente em seus pontos fracos e de acordo com seus pensamentos. Se continuar a pensar nos termos do passado, carregando com você experiências emocionais não resolvidas, seu corpo entrará em colapso.

A doença como solução

Existe um ponto adicional a considerar. Quando os problemas da vida parecem insuperáveis, o câncer e outras doenças graves podem ser vistas em um nível subconsciente como solução.

O *The getting well audio program guidebook* afirma na página 16:

> "Existe considerável evidência de que o estresse predispõe à doença, até mesmo ao câncer. As pesquisas mostraram que é possível predizer doenças importantes baseado no número de estresses na vida das pessoas nos meses que antecedem o aparecimento da enfermidade. Nossas observações clínicas confirmam essa pista de estresses importantes na vida de nossos pacientes, mas também sugerem que o efeito é ainda maior se ameaçam algum papel ou relacionamento central para a identidade do indivíduo ou se representam um problema ou situação aparentemente sem saída. Além disso, nossos estudos e outros ainda sugerem que esses estresses críticos geralmente ocorreram de seis a 18 meses antes do diagnóstico da doença."

> "(...) não é apenas o estresse mas a maneira de reagir a ele que faz a diferença na suscetibilidade à doença. Todos nós aprendemos regras sobre quem somos e como reagimos, que fornecem os limites dentro dos quais damos conta do estresse. Em alguns casos, essas regras limitam a capacidade de lidar com o estresse da pessoa a ponto deles parecerem problemas insolúveis. O resultado pode ser depressão, desespero, desânimo e desamparo – *todos sentimentos que têm sido reportados em preceder o câncer* (itálico do autor).

Por causa desses sentimentos, seja a nível consciente ou não, doenças sérias e/ou a morte tornam-se aceitáveis como soluções potenciais."

Olhando em retrospectiva a época em que tive câncer, isso faz perfeito sentido. Estava freqüentemente deprimida e desesperançada por ter de gastar o resto da minha vida em uma situação estressante, que estava me fazendo profundamente infeliz. Trancava esses pensamentos e sentimentos fora da minha mente e os colocava de lado como tolice. O câncer acabou sendo uma solução para um problema que, na minha maneira de pensar tóxica, não tinha saída.

O que causa a recorrência do câncer e outras doenças?

A PNI permitiu-me fazer a conexão entre a causa psicológica subconsciente e a manifestação do meu câncer. Em minha prática privada com clientes, tinha estado pesquisando a importância da causa emocional e mental, que, não resolvida, permitiria ao câncer reaparecer, algumas vezes em outro lugar do corpo como aconteceu comigo. Como meu câncer continuava a reaparecer, sabia que não tinha ainda encontrado e curado sua causa-raiz.

Quando ficamos doentes, a tendência é tomar remédios, submetermo-nos a cirurgias ou seguir outras recomendações feitas por profissionais da Medicina. Em minha experiência, isso é como colocar vaselina em um membro quebrado. É verdade que algumas vezes os sintomas desaparecem. Mas o que acontece é que novos sintomas aparecem ou o próximo ataque da doença é mais virulento que o primeiro, até que a causa que gerou a doença em primeiro lugar seja resolvida. Encontrar a causa emocional e mental é a chave.

Tive câncer por três vezes antes de ser capaz de descobrir as atitudes tóxicas que o causavam e removê-las de uma vez por todas. As primeiras das atitudes tóxicas eram estar fora do equilíbrio em minha vida – sobrecarregada de trabalho e estresse, atendendo uma média de mais de 60 pacientes por semana.

Cresci em uma Israel dilacerada por conflitos e bem cedo em minha vida passei pela experiência de perder um irmão morto na guerra. Mais tarde, uma irmã morreu vítima de um ataque terrorista. Decidi que queria ajudar a aliviar toda dor e sofrimento, e mostrar às pessoas como viver com alegria. Isso me levou a escolher a Psicologia. Mais tarde fui para os Estados Unidos com meu marido e me doutorei na Universidade de Columbia. Continuei a estudar com grandes mestres da cura, inclusive seis anos com um mestre curador nos contrafortes do Himalaia. Queria aprender tudo o que pudesse.

Vinha ensinando autocura por mais de 20 anos. Amava o campo escolhido, mas não conseguia parar de trabalhar. Trabalhava sete dias por semana sem folgas. Recordo-me de ter conduzido de 40 a 60 sessões individuais e com cinco grupos de terapia – *tudo isso em uma única semana*. Além disso tudo, cozinhava, lavava, passava, fazia contabilidade, papelada, relatórios e outras coisas. Era uma viciada em trabalho, mas não sabia.

O câncer me forçou a tirar um tempo para mim. Lembrome de me sentir culpada quando escapava por alguns minutos para deitar e descansar. Sei que existem pessoas que têm muito mais energia e trabalham mais duro que eu e não ficam doentes. Contudo, minhas atitudes tóxicas de culpa e menos valia enfraqueceram meu sistema imune e meu corpo começou a entrar em colapso. E por causa daquelas atitudes negativas, não prestei atenção aos pequenos sinais, incômodos e dores na nuca.

Não me ocorria fazer mudanças em minha vida. Não era claro para mim que minhas atitudes de auto-sabotagem e meu horário de trabalho eram a causa da minha doença; da mesma forma que descobri que a causa mais óbvia não é clara para meus pacientes e alunos. Depois da minha primeira recorrência, comecei a me perguntar: "Qual é a mensagem do meu câncer?". Obtive muitas respostas e comecei a atuar de acordo com elas. Comecei viajando para matar as saudades de Israel e do Colorado, onde muitos amigos apoiadores e membros de minha família viviam.

Contudo, somente após a terceira recorrência, depois de haver embarcado em um programa de autocura, descobri a mais profunda atitude tóxica que era a causa do meu câncer. Perguntaria freqüentemente a mim mesma durante minha rotina diária de relaxamento e autocura: "Por que eu e por que os meus seios?".

Descobri muitas causas menores, mas a mais crítica me foi revelada quando me permiti rebuscar profundamente em minha dor perto do coração. Respirava e relaxava dentro dessa área, como venho ensinando meus alunos a fazer por muitos anos. Comecei chorando de dor, exagerando-a, sentindo-a, expandindo-a até torná-la pior.

Uma cena da infância apareceu em minha mente – uma cena que me havia impresso profunda dor por ter nascido mulher. Na tradição judaica, os homens devem rezar certas orações pela manhã. Uma oração que meu pai fazia em voz alta todos os dias era: "Obrigado, meu Deus, por não me ter feito escravo. Obrigado, Senhor, por não me ter feito mulher".

Lembro-me de haver experimentado uma profunda depressão pela minha falta de sorte em ter nascido mulher.

Recordando essa cena da infância, tornei-me subitamente capaz de encontrar o sentido de tudo. Meus seios eram os símbolos da minha feminilidade. Subconscientemente, estava rejeitando ser mulher, rejeitando a noção de que merecia estar viva.

Quando mencionei essa descoberta a alguns familiares e amigos religiosos me disseram que eu não havia compreendido o significado da oração. "A razão pela qual os homens dizem esta prece é agradecer a Deus que tenham sido feitos homens porque não podem lidar com a dor do parto. As mulheres são mais fortes e capazes para isso", me disseram. Também me explicaram que ao homem se requer grandes proezas que às mulheres não se requer, então essa é a maneira do homem expressar sua gratidão nessa oração.

Recomendei que se dissesse às meninas que ouvissem essa prece que a razão pela qual os homens a fazem é para honrar a força da mulher; elas precisavam compreender que era maravilhoso ser mulher.

Então me lembrei que minha avó morreu de câncer de mama. Percebi que esse sentimento de inferioridade como mulher deve ter-se constituído em uma questão em minha família por gerações. Olhando para os homens e as mulheres na sociedade, acho que é uma questão mundial. A atitude da mulher de ser inferior ao homem tem prevalecido na maioria das culturas por séculos. É uma decisão tóxica herdada profundamente enraizada e pode ser a causa subjacente da atual epidemia de câncer de mama. A cada ano, 40 mil mulheres morrem de câncer só nos Estados Unidos. Essas atitudes subconscientes precisam ser identificadas, compreendidas, integradas e convertidas em sentimentos de bem-estar se as mulheres quiserem ser pessoas felizes, saudáveis e produtivas.

Nossas atitudes tóxicas lesam o sistema imune e nos tornam doentes. O efeito que minhas atitudes tóxicas tiveram em meu corpo foi a recidiva do câncer e sentimentos de desconforto sobre mim mesma. Eu queria ser diferente. Queria ser suficientemente forte e boa. Contudo, minhas atitudes profundamente ingratas me carrearam muita dor física. Atitudes como: "Não sou boa o bastante, preciso ser melhor. Se eu fosse mais inteligente, mais rica, mais atraente e mais bem sucedida, seria talvez aceitável. Não sou digna de amor do jeito que sou, portanto não posso me amar e me aceitar. Ser mulher me desvaloriza".

Uma vez que me tornei capaz de identificar o cerne de minhas atitudes de auto-sabotagem, fui capaz de trocá-las por atitudes curativas que recuperaram minha psique e criaram uma saúde radiante.

Revertendo o ciclo para recuperação e prevenção

Nossos estados emocionais e mentais têm o poder de enfraquecer ou ativar o sistema imune contra a doença. As boas notícias são que atitudes podem ser mudadas. Podem ser alteradas pela simples decisão de se estar aberto a experimentar novas maneiras de pensar.

Lembro das palavras do dr. Simonton, que me inspiraram e me deram esperança: "Podemos usar a imaginação para influenciar nossos pensamentos em uma direção saudável, dessa forma melhorando nossa saúde".

Temos a capacidade de restaurar nossa saúde. Podemos conscientemente usar a imaginação para influenciar nossos pensamentos com imagens saudáveis e melhorar a saúde. Enquanto nossa consciência cresce, podemos usar uma variedade de ferramentas psicológicas para liberar os bloqueios que causaram a doença. Quando as questões do nosso passado são assumidas e resolvidas, as emoções se acalmam e o sistema imune se fortalece. *O corpo então sabe como se curar sozinho.*

Na página 18 do *The getting well audio program guidebook* podemos ler como isso acontece:

> "O ciclo de desenvolvimento do câncer pode ser revertido. Os caminhos pelos quais sentimentos podem ser traduzidos em condições fisiológicas condutíveis ao câncer também podem ser usados na restauração da saúde (...)."
>
> "É particularmente importante que a mudança seja até mesmo das percepções dos pacientes sobre eles mesmos – para que acreditem que podem resolver quaisquer problemas de vida que enfrentaram antes do câncer, ou nas percepções dos seus problemas – que então acreditem ser capazes de dar conta deles mais efetivamente."
>
> "O resultado das crenças dos pacientes em suas oportunidades de recuperação, unindo sua 're-decisão' sobre

os problemas que enfrentam, é uma perspectiva da vida que inclui esperança e expectativa. Sentimentos alterados de esperança e expectativa são gravados no sistema límbico, da mesma forma como o foram os prévios sentimentos de desalento e desespero. Uma vez gravados no sistema límbico, mensagens são enviadas ao hipotálamo refletindo o estado emocional alterado – um estado que inclui um desejo aumentado de viver. O hipotálamo então envia mensagens à glândula pituitária que reflete o estado emocional alterado."

"O hipotálamo, por seu turno, reverte a supressão do sistema imune e então as defesas do corpo novamente se mobilizam contra as células anormais. A glândula pituitária (que é parte do sistema endócrino), recebendo mensagens do hipotálamo, envia outras tantas ao resto do sistema endócrino restaurando o equilíbrio hormonal do corpo. Com o equilíbrio restaurado, o corpo descontinuará a produção de grande número de células anormais, deixando um menor número delas para o tratamento ou para as defesas revitalizadas do corpo combater."

"O funcionamento normal do sistema imune e a redução na produção de células anormais cria condições ótimas para a regressão do câncer. As células anormais remanescentes podem ser destruídas pelo tratamento ou pelas defesas do corpo."

"Pacientes que participaram da própria recuperação freqüentemente adquirem muito mais força psicológica do que a que possuíam antes da doença. Por intermédio do processo de enfrentar uma doença mortal, confrontando-se com as questões básicas da

> vida e aprendendo sobre seu poder de influenciar a própria saúde, emergem não apenas com a saúde restaurada, mas com um senso de poder e controle que nunca sentiram antes da doença."

Os dois livros do dr. Simonton, *The getting well again* (*Com a vida de novo,* editado no Brasil pela Editora Summus) e *The healing journey* (*Cartas de um sobrevivente*, editado no Brasil pela Summus) entram em mais pormenores sobre este processo de autocura.

A dra. de Kooker continua em seu artigo:

> "Não somos vítimas de nossas personalidades e circunstâncias (...) Somos capazes de criar padrões de melhoramento da saúde que mudarão nosso foco da doença para uma vida plena."

Quando mudamos atitudes de tóxicas para curativas, podemos criar saúde. Da mesma forma que nossas decisões de autosabotagem causam estresse constante e até desabilitam o sistema imune, quando transformamos as atitudes tóxicas em decisões curativas, a mente e as emoções relaxam e se asserenam. Isso ativa o sistema nervoso parassimpático, que permite à pituitária, hipotálamo e glândulas ad-renais liberar químicas e hormônios que fortalecem o sistema imune e curam o corpo. Portanto, atitude é tudo.

O poder da atitude

Nossas atitudes subconscientes determinam o resultado de nossas vidas e nossa saúde. A atitude afeta se cirurgia, quimioterapia, drogas, dieta ou qualquer forma de cura será bem sucedida ou se prejudicará o corpo. Norman Cousins, autor de *Anatomy of an illness (Anatomia de uma doença,* editado no Brasil pela Editora Saraiva), acrescentou muitos anos à sua vida usando o humor para mudar sua atitude. Diz que drogas não são sempre necessárias; contudo, a crença no tratamento é. Uma médica que conheço sempre diz a seus pacientes de câncer quando lhe perguntam se devem operar: "Se acredita que deve, faça-o. Se não, a cirurgia não será bem sucedida para você".

Vamos dar uma olhada no efeito da atitude sobre a dieta. Bons exemplos disso podem ser encontrados em estudos feitos com centenários, pessoas que vivem além dos 100 anos. Um dos homens estudados bebia uma garrafa de whisky por dia e apregoava que isso era responsável por ter vivido mais de 100 anos. Outra mulher atribuiu sua saudável vida longa a comer uma dúzia de ovos todos os dias com 250 g de bacon. Mesmo pensando que essas pessoas quebraram regras básicas da nutrição moderna, suas atitudes sobre o que comiam eram mais forte que os efeitos do álcool ou do colesterol. Quando os discípulos perguntaram a Jesus o que deveriam comer, ele lhes respondeu que não era o que entrava pela boca que envenenava o homem, mas o que dela saía. Nossas palavras e atitudes podem nos matar.

Minha atitude como paciente de câncer, antes de tomar em minhas próprias mãos minha mente, pensamentos e sentimentos, era que existia algo de errado comigo. Estava presa à atitude tóxica de que "os outros estão certos, portanto devo estar errada".

Enquanto crescia, fui freqüentemente responsabilizada pelos erros dos outros. Não ousava corrigi-los porque então os ataques tornavam-se mais virulentos. Ajudei outros a sobreviver assumindo-lhes as culpas. Lembro-me quando criança de pensar que se gritasse com eles da mesma forma com que o faziam a mim, eles não sobreviveriam.

Tinha medo da raiva, pois crescer no meio de uma guerra mostrou-me que a raiva podia matar. Vi membros de minha família ficarem histéricos, propensos a ataques irracionais que eram padrões de comportamento subconsciente aprendidos para sobreviver. Alguma vez repararam nas coisas horríveis que saem da boca das pessoas quando estão com raiva? Elas dizem coisas ferinas que nada tem a ver com a verdade.

Quando criança pensava que não tinha escolha, mas dava-me por vencida porque amava profundamente minha família e queria que sobrevivessem. Também sabia que poderia ser atacada virulentamente, verbal e fisicamente, se ousasse uma confrontação. Agora compreendo que não faziam por mal, simplesmente não conheciam uma maneira melhor. Tinham sido tratados assim e, em troca, tratavam os outros da mesma maneira. Resolvi não ser assim, mas não sabia como tomar decisões que refletissem meus interesses.

Uma das causas físicas do câncer é o corpo atacar a si mesmo por meio do crescimento de células anormais. Anos mais tarde quando fui criticada e atacada por um colega – da mesma maneira que minha família tinha feito comigo quando estava crescendo – culpei a mim mesma por não ser boa o bastante. Essa dose de autoculpa foi uma forma de atingir meu próprio bem-estar. Acredito que foi o ponto de partida do meu câncer.

Atitudes de pacientes de câncer e seu efeito sobre o corpo

Descobri em meu trabalho com pacientes de câncer que eles têm um padrão de atacar a si mesmos – da mesma forma que o corpo se agride por intermédio do crescimento de células anormais, culpando-se e tomando decisões contra seus interesses. Essa atitude deriva de experiências prévias que lhes mostraram que pessoas agressivas não podem ser corrigidas facilmente sem uma guerra completa ou uma crueldade totalmente inaceitável. Querendo manter a paz, rendem-se e suprimem a raiva. *Pacientes de câncer querem manter a paz a qualquer preço.* Engolem a culpa para manter a paz sem saber que a culpa armazenada no corpo é um veneno e não percebem que existe uma solução mais saudável.

Engolir a culpa e suprimir a raiva foi um mecanismo de defesa importante na infância quando render-se era provavelmente necessário à sobrevivência. Quando a gente cresce, contudo, torna-se essencial reverter esse processo, desenvolvendo o valor próprio e habilidades de auto-expressão que nos permitam sermos tratados com justiça e respeito. Passar um tempo sozinho é muito útil para recuperar nossa capacidade de ver as coisas com clareza, para reclamar de volta seu *self* e tomar decisões que cuidem dele, que é quem energiza seu corpo, mente e espírito.

Além disso, da mesma maneira que eu pensava não ter valor por ser mulher, a maioria dos pacientes de câncer obtém seu sentimento de valor próprio e auto-estima nutrindo os outros em vez de valorizar e amar a si mesmos. Este é um tema recorrente entre milhares de pessoas de todas as categorias sociais com quem tenho trabalhado. Mesmo bilionários, milionários, celebridades, realeza, médicos, profissionais de todos os tipos, homens de negócio, artistas, donas de casa, quem você pensar, todos sentem dessa maneira. Tenho visto isso sempre, em cada pessoa com quem trabalhei. Todos têm a atitude tóxica similar de sentir-se "não suficientemente bom" mantida no corpo, criando doença.

Outra atitude comum em pacientes de câncer com quem trabalhei é: "Este câncer vai me matar e não há nada que eu possa fazer. É por causa da minha herança genética (...) ou do meio ambiente envenenado (...) ou uma punição. Devo ter feito alguma coisa terrível para merecer isso. Deus está me castigando. Câncer é morte e nada ajudará – certamente não só por mudar minhas atitudes. Não há nada a fazer. É só uma questão de tempo morrer de uma morte horrível e dolorosa".

Estas atitudes são debilitantes e fazem o câncer progredir muito mais depressa. É uma profecia autocumprida. Quanto mais o paciente permite a esses pensamentos se estabelecerem na mente, mais o câncer progride. Existem casos bem conhecidos nos quais o médico diz ao paciente: "Você tem apenas de três a seis meses de vida". Esse pensamento é tão invasivo e produz uma crença tão profunda nas palavras do médico que a pessoa geralmente morre dentro desse prazo. Os membros da família então dizem: "Você viu, o doutor estava certo".

Alguns médicos estão agora aprendendo a exprimir-se para dar alguma medida de esperança ao paciente. Uma maneira mais exata de comunicar o diagnóstico ao paciente é dizer: "De acordo com as estatísticas, 95% dos pacientes em condições similares morrem dentro de três a seis meses. Alguns se recuperam e têm uma remissão espontânea. Você pode ser um desses 5% que sobrevivem e se curam".

Existem estudos bem conhecidos que demonstram o poder da crença usando o efeito placebo. Um estudo descrito em detalhe no programa de áudio-tape do dr. Simonton, *The getting well*, foi feito pelo dr. Bruno Klopfer, que convidou um paciente terminal a experimentar uma nova droga experimental chamada krobiacin. A esperança do paciente foi restaurada e com muito entusiasmo ele disse ao dr. Klopfer que sabia que essa droga salvaria sua vida. Todos os pacientes que receberam a droga mostraram que ela não fazia efeito em seus cânceres – *exceto este paciente que sabia que ela salvaria sua vida*. Ele se recuperou do câncer.

Mais tarde apareceu no jornal um artigo confirmando que o krobiacin era inútil na cura do câncer. Quando este paciente viu o artigo ficou tão desalentado que o câncer reapareceu. O dr. Klopfer, percebendo o que acontecera, resolveu levar o paciente a outro experimento. Disse aos médicos para falarem entusiasticamente sobre o "novo" krobiacin que tinha acabado de chegar e então convidou o paciente a testemunhar esse evento. "Ele é muito mais forte e tem uma durabilidade melhor", explicaram-lhe com muito excitamento. As esperanças do paciente foram uma vez mais restauradas. O dr. Klopfer lhe deu pílulas de açúcar. O paciente recuperou-se desse câncer muito mais rápido.

Infelizmente, outro artigo de jornal confirmou que o krobiacin tinha sido descartado como um total fracasso no tratamento do câncer. Depois que o paciente viu o artigo, seu câncer voltou e ele morreu.

Transformando atitudes tóxicas em curativas

Quando mudamos nossa atitude, alteramos nosso estado de saúde. Da mesma forma que nossas crenças e atitudes prejudiciais podem criar a doença, podemos criar saúde modificando-as. Quando revertemos nossas atitudes tóxicas, revertemos nosso câncer.

Deepak Chopra, o bem conhecido autor de *Quantum healing* (*A cura quântica*, editado no Brasil pela Editora Best-Seller), conta sua experiência de ver uma crença curar. Quando era médico no Hospital Geral de Massachusetts, a filha de uma paciente terminal de câncer pediu-lhe se poderia dar alta à sua mãe como curada. Como ele sabia que a paciente estava morrendo de qualquer maneira, acreditou que não haveria mal em dizer à mulher que estava curada. Ele o fez e não pensou mais no caso.

Um ano mais tarde essa mesma mulher, que ele pensava tivesse morrido de câncer logo depois de tê-la visto pela última vez, apareceu no hospital parecendo muito saudável. Depois de recuperar-se do choque, ele perguntou-lhe porque estava lá. Ela disse: "Bem, doutor, pensei que poderia voltar para um *check-up*". Quando ele lhe perguntou como estava passando, ela disse: "No começo, eu tinha muita dor, mas ficava me lembrando do que o senhor disse, que eu estava curada. Então me lembrava todo dia que estava curada. Acho que a dor estava na minha imaginação. Depois disso, ela se foi".

O dr. Chopra lhe disse: "Seja o que for que esteja fazendo está obviamente funcionando, então continue". Foi o começo da compreensão do dr. Chopra de que existe mais crença para curar que remédios e cirurgia.

A atitude sozinha pode curar. Quando esta paciente mudou sua atitude de "morrendo de câncer" para "estou curada", curou-se. Aprendi isso da minha própria experiência bem como de meus alunos. *Temos a capacidade de persuadir a mente a adotar percepções curativas saudáveis que produzem no cérebro imagens de bem-estar e reconstroem o sistema imune, criando saúde.*

Por exemplo, quando comecei meu programa de autocura, trabalhei diariamente mudando minhas atitudes tóxicas em novas atitudes saudáveis. Depois de relaxar profundamente, visualizava-me acreditando nessas novas atitudes e vivendo de acordo com elas. Via a mim mesma, em situações de minha vida, de uma perspectiva nova, saudável e autorizada em vez da velha e não autorizada perspectiva. Era capaz de ver agora sob nova luz incidentes que me aborreceram no passado, sentindo-me calma, pacífica e silenciosa internamente, sentindo coisas boas a meu respeito e a respeito da minha vida.

Quando pratiquei sinceramente essas novas atitudes curativas por vários dias, percebi que minha dor diminuiu. Quanto mais era capaz de experimentar essas atitudes como reais, válidas, verdadeiras, desejáveis e sólidas dentro de mim, mais feliz me sentia. O efeito no meu corpo foi surpreendente. Enquanto observava mudanças em minhas sensações físicas – desaparecimento da dor, dissolução de estranhos sintomas físicos e o retorno de boas sensações – minha energia crescia e minhas funcionalidades rapidamente evoluíam.

Aconteceu quando percebi que são as atitudes e as emoções que elas causam que curam, não a comida que comemos ou as vitaminas que tomamos. Celebrei com uma xícara de café. Estava tão convencida do poder da atitude que me permiti transigir em algo que me dava alegria. Compreendi que sentimentos de prazer são muito mais importantes que a cafeína que estava introduzindo em meu corpo. Sabia que o prazer e a alegria estavam sendo registrados em meu cérebro, o qual estava liberando químicas e hormônios que fortaleciam meu sistema imune. Foi o começo da reversão do meu câncer e do meu retorno à saúde.

Descobri que a atitude é a pedra fundamental da maioria dos, se não de todos, problemas da vida – física, emocional, mental e espiritual. A imagem que mantemos de nós, de nosso corpo, nossa saúde, nossa vida, das outras pessoas, de um poder mais alto e do mundo afetam dramaticamente nossas vidas.

Nossa atitude tanto nos cura quanto nos faz adoecer. Quando uma pessoa está esperançosa e entusiasmada com o tratamento, ele poderá curá-la. Contudo, não é o tratamento que cura, é a esperança do paciente, a atitude entusiasmada que libera as químicas edificadoras da saúde que permitem ao corpo se curar.

Na Parte II, você descobrirá as atitudes de auto-sabotagem que podem causar doenças e aprenderá como criar atitudes curativas, que liberam químicas de cura em seu corpo, que fortalecem o sistema imune e restauram a saúde.

Neste capítulo, vimos as causas psicológicas das doenças. No próximo, você aprenderá da minha própria jornada com o câncer a importância de cuidar de suas necessidades psicológicas que, se ignoradas, o levarão a adoecer.

capítulo 2

APRENDENDO COM A MINHA JORNADA COM O CÂNCER

Conheço pessoalmente o terror do câncer. Fui diagnosticada de câncer por três vezes. Na terceira, não agüentava mais passar por outra rodada de cirurgia e quimioterapia, que tinham me deixado tão debilitada, que eu sequer conseguia fazer uma simples chamada telefônica. Tinha medo de que se voltasse para o hospital outra vez seria para morrer. Decidi dar a mim mesma três meses para praticar o que havia ensinado a outras pessoas por tantos anos, combinando a sabedoria eterna com as últimas pesquisas científicas em medicina mente/corpo.

Sintetizei tudo o que aprendi de psiconeuroimunologia e psicologia do ocidente e a imagética e técnicas curativas do oriente em um método simples. Em três meses meu tumor diminuiu pela metade. Oito meses depois, tinha recuperado uma saúde radiante. Ao final do meu programa de autocura, o médico me examinou: "Aconteceu um milagre, seu câncer se foi!", disse maravilhado.

"Não é milagre, doutor", repliquei. "Tenho praticado autocura durante uma hora três vezes ao dia. Se eu posso fazer, qualquer um pode." Isso aconteceu em 1995 e continuo gozando de excelente saúde até hoje.

Em agosto de 1992, fui diagnosticada pela primeira vez de um agressivo câncer de mama. Foi um grande choque descobrir que um câncer estava escondido em meu corpo sem o meu conhecimento. Comecei a perder a esperança, a me sentir desencorajada e a duvidar de tudo que tinha aprendido e ensinado por tantos anos. Talvez meu trabalho de cura tivesse sido apenas um placebo ou algum tipo de hipnose que eu não tinha compreendido. De tempos em tempos, uma parte de mim observaria o drama com descrença. Deveria remover o câncer ou confiar em que poderia curá-lo eu mesma? Estava confusa.

Uma amiga íntima morreu de câncer de mama porque não removeu o tumor há tempo e ele se espalhou por seus nódulos linfáticos. Essa recordação ficava me importunando para seguir o procedimento médico convencional.

Minha boa amiga do Colorado me alertou: "Não siga o tratamento médico convencional. Você é uma curadora, pode curar-se a si mesma. Não caia na ilusão do câncer".

Eu queria muito acreditar nela. Ela me recomendou procurar um Xamã índio americano em Alberta. Peguei o primeiro vôo para o Canadá.

Buscando respostas alternativas

O xamã me disse que primeiro planejava me colocar em uma tenda de suadouro e que se não funcionasse seria necessário visitar uma tenda de suadouro secreta em um lugar de mais alta energia. Estar perto dele era uma aventura; era tão sábio e parecia ser capaz de ler claramente meus pensamentos. Comecei a me sentir esperançosa e bem a respeito de mim mesma por estar entrando de cabeça e empreendendo essa nova experiência.

Uma mulher com câncer de mama há muitos anos estava esperando comigo para entrar na tenda de suadouro. "Isso ajudou você?" lhe perguntei. "Seu câncer desapareceu?". "Está melhor, mas ainda o tenho", respondeu ela. "Tem ajudado a outras mulheres?" "Sim, algumas", "Quanto tempo leva?", perguntei. "Não sabemos ao certo", respondeu ela.

O Xamã chegou para mim e disse: "Se enxergar a luz azul significa que será curada; se for a vermelha, nada poderá ser feito para ajudá-la". Comecei a tremer. *O que acontecerá se eu enxergar a luz vermelha?* Minha ansiedade começou a aumentar. Tinha de esperar várias horas antes que a tenda de suadouro ficasse pronta. Era como se estivesse esperando pelo dia do juízo, se ia viver ou morrer. "Você não tem de acreditar nisso se não quiser", disse a mim mesma.

Quando falei com minha amiga, ela me disse: "Você precisa ter fé ou não vai funcionar". "Mas eu não tenho fé; como faço para ter fé?", perguntei-lhe. "Reze para ter fé", ela respondeu. Rezei para ter fé e tentei arduamente. "Posso fazer ser azul. Mesmo se for vermelha, poderei transformá-la em azul", resolvi.

Dentro da tenda de suadouro era escuro e cheio de vapor quente. Estava observando atentamente para ver que cor surgiria. Por um instante pensei ter visto vermelho. Rapidamente transformei-a em azul, mas não fiquei convencida. Comecei a tremer novamente. "Você viu vermelho ou azul?", perguntei ao Xamã. Ele olhou para mim e perguntou-me o que eu vira. "Azul", respondi. Ele me fitou intensamente sem dizer uma palavra. Comecei a tremer de novo.

"Não vou deixar-me afetar por isso, talvez seja tudo absurdo", disse, tentando me tranqüilizar. "Temos de fazer outra tenda de suadouro em um lugar secreto", informou-me o Xamã. Meu pânico se intensificou. "É um sacrifício da parte do Xamã", explicou minha amiga. "Ele tem de sacrificar uma parte de sua vida para curar você". "Não quero que ele sacrifique nada por mim", declarei. Arrumei as malas e parti.

Agora, crendo que a cirurgia era a única solução, pensava comigo, "É somente uma mama. Talvez seja uma lição de desapego". Decidi fazer a mastectomia.

O hospital era um pesadelo, tão frio e impessoal. Pareceu-me haver entrado na câmara de tortura de um campo de concentração. Os açougueiros estavam prontos para me cortar. Uma mulher esperando pela cirurgia tinha lágrimas de desespero. Meus olhos encontraram os dela e começaram a queimar de terror – que dor profunda a de esperar uma possível sentença de morte. Em certo momento, achei ter visto o anjo escuro da morte olhando para mim. Enviei-lhe amor e a imagem desapareceu.

A dose de anestésico parecia demais para meu corpo magro. Quase não conseguia respirar. "Respire, Goodman, respire", escutava o médico comandando severamente. Descobri que era difícil me manter respirando. Era como um trabalho árduo, quase impossível de executar. Uma horrível náusea torturante me invadia cada vez que tentava mover os olhos mesmo ligeiramente. Estaria morrendo? Uma parte minha muito apagada estava testemunhando e observando silenciosamente. Quando finalmente abri meus olhos, vi meu marido e meu filho na sala de recuperação. "Estou viva", pensei. Tentei sorrir. A náusea me invadiu. "Não se mova", disse a mim mesma.

"Dois dos 19 nódulos linfáticos removidos estavam afetados", informou o médico. "A quimioterapia começa semana que vem e você precisará dela durante um ano". O prognóstico era de 50% de chance de recuperação com a quimioterapia.

"Não faça quimioterapia", advertiu-me minha amiga. "Isso pode matá-la. E fica muito mais difícil curar-se naturalmente se o fizer. Em vez disso, vá para Boston e experimente o suco de germe de trigo de Ann Wigmore. Muitas pessoas se curaram usando esse método."

"Sim, pode esperar três semanas para começar o tratamento", disse meu oncologista.

"Qualquer coisa menos quimioterapia", pensei – e tomei o trem para Boston.

O suco de germe de trigo me deixou nauseada e eu ficava vomitando, mas as histórias de sucesso me fizeram continuar e me deram esperança. O instrutor disse: "Uma dieta de comida viva é a resposta". Logo descobri que era muito difícil de digerir. Era sem gosto e repulsiva. Sabia que precisava aprender a gostar daquilo, se quisesse continuar viva.

"Você precisa permanecer na dieta pelo resto da vida ou morrerá", é o que ouvi de muitos participantes, que pareciam verdes para mim. Assisti ao vídeo de um médico que se curou de câncer usando a dieta. Mas dois meses depois parou, começou a comer outras comidas e morreu. Meu medo emergiu outra vez.

Ficava ouvindo meus pensamentos zunindo na cabeça: "Literalmente, não tenho estômago para essa dieta, ela me faz ficar doente. Mas se não fizer isso, morrerei".

Via pessoas comendo comida deliciosa em restaurantes. Cheirava tão bem e parecia tão boa! Senti uma profunda depressão me envolver – não poderia jamais desfrutar dessas comidas outra vez. "Como é possível que tantas pessoas estejam comendo essa comida venenosa e pareçam tão saudáveis?", ficava imaginando. Vi alguém comendo sopa de lentilhas; desejei tanto que capitulei e pedi uma xícara. Nunca me pareceu tão deliciosa. Senti-me feliz, satisfeita e relutantemente deixei a clínica contra o conselho dos professores que achavam que eu estava cometendo suicídio.

Comecei a quimioterapia, a fórmula recomendada chamada 5FU. Reagi violentamente. Além de vomitar o tempo todo, meus pensamentos tornaram-se confusos e estava certa de que as drogas estavam afetando meu cérebro. A maior parte do meu cabelo caiu e após oito sessões começaram severos sintomas de menopausa.

Duas de minhas irmãs mais velhas vieram de Israel para me ajudar durante a quimioterapia. Minhas irmãs foram maravilhosas. Uma acariciava meu rosto enquanto a quimio fluía para dentro de minhas veias. Lágrimas rolavam-me pelo rosto, pois era tão bom sentir seu amor. Ela nunca havia acariciado meu rosto antes. "Então ter câncer era o que eu precisava para sentir o amor de minha irmã", pensava, relembrando nossa infância conflituosa. Sentindo náuseas no carro, entrei em pânico e minha irmã me confortou.

Em casa, os efeitos da quimioterapia se intensificavam. Meu corpo sentia-se invadido por um horrível combate que estava me matando por dentro, desmantelando minhas defesas. Era como se estivesse sendo metralhada por dentro, como uma total destruição acontecendo. A agonia era insuportável. Meu cérebro foi muito afetado. Mal podia raciocinar, tornei-me paranóica e comecei a ter pensamentos bizarros e a falar coisas estranhas. Isso assustou meu marido, minhas irmãs e também a mim. Os vômitos pareciam intermináveis. "Isso é a pior das torturas", pensei, "mas preciso obedecer e ser torturada ou morrerei."

Cada vez que pensava em quimioterapia me sentia nauseada. "Não quero fazer quimioterapia, mas tenho que fazer", eu chorava enquanto conversava com participantes de um *workshop* a que estava assistindo. "Você não tem que fazer se não quer", alguém me disse.

"Mas você não compreende – não tenho escolha. Morrerei se não seguir as ordens médicas."

"A escolha é sua", lembro-me vagamente de alguém dizer. "Gostaria que fosse minha escolha; eu não tenho escolha. Não tenho coragem de recusar o tratamento." Sabia que era verdade, mesmo pensando que estava me sentindo doente com a idéia de me forçar a entrar outra vez na câmara de tortura.

Forjando um novo caminho

Um conhecido médico estava dando um *workshop* sobre câncer em Boston. Implorei a meu filho e a meu marido, que eram inteiramente céticos a respeito da terapia de autocura, para irem comigo. Eles finalmente concordaram.

Foi um desastre. Partimos dominados pela depressão. Em vez de encorajados, nos sentimos condenados. Além do meu desespero, me sentia culpada por tê-los arrastado à força. Todo aquele dinheiro, tempo e energia somente para voltar sentindo que não havia esperança.

Em seguida, fui ao Centro Macrobiótico estudar a filosofia macrobiótica de alimentação e experimentar essa dieta. No Centro, ouvi histórias de pessoas que tinham se curado de câncer. "Mas naqueles que abandonaram a dieta, os tumores voltaram maiores como uma vingança", disse um professor. Eu estava mais uma vez ansiando por comer comida normal, mas novamente muito amedrontada para largar a dieta. Fui capaz de manter a dieta por um tempo maior que a dieta de comida viva, mas acabei desistindo.

Fazia quimioterapia cada três semanas, explorando quantas terapias alternativas pudesse entre os tratamentos. Um terapeuta, especializado em dessensibilização sistemática para quimioterapia, foi útil em reduzir os efeitos colaterais, especialmente a náusea que eu sentia cada vez que pensava em quimioterapia ou uma imagem de hospital ou médico passava pela minha mente. Uma amiga não quis me acompanhar à quimioterapia. "Não quero que me associe com a quimioterapia", disse. Fui capaz de manter meu consultório particular como psicóloga cortando minhas horas a um mínimo.

Antes do oitavo tratamento de quimioterapia, em dezembro de 1992, chorei histericamente, recusando-me a ir. Chorei o dia inteiro, mas finalmente forcei-me a ir. "Você realmente não quer fazer isso", disse uma amiga chegada que me acompanhou ao tratamento. "Não", concordei, meus olhos ardendo por causa das lágrimas, "mas não tenho escolha".

Depois dessa sessão de químio, minha menstruação cessou abruptamente e comecei a sentir ondas de calor e muitos sintomas estranhos que me assustaram imensamente. Tornei-me disfuncional e descobri que qualquer pequena tarefa era uma empreitada difícil. Mesmo uma simples conversa ou chamada telefônica era traumático. Freqüentemente eu pensaria: "O câncer está ativo e se espalhando; é por isso que me sinto tão estranha". O medo intensificava os sintomas e a doença se tornava pior.

Uma mulher que curou a si mesma de câncer falou-me sobre um programa em Los Angeles. "Não vou perder mais tempo e dinheiro", disse a ela. "Você precisa fazer esse programa se não quer ter uma recaída", ela insistiu.

"Três mil dólares!", gritou meu marido, "É jogar dinheiro fora. Não vai adiantar." "É a minha vida e vale mais de 3 mil dólares. Estou indo", disse eu. "Gostaria que fosse comigo para me ajudar."

Seu chefe o convenceu a ir.

Alguma coisa para acreditar

No seminário do dr. Carl Simonton, em Los Angeles, suspirei de alívio quando escutei as seguintes palavras:

> "A pesquisa tem mostrado o ingrediente comum em por que algumas pessoas se curam de câncer e outras não. Porque alguns se curam com quimioterapia e outros não. Por que a dieta macrobiótica ou qualquer outra coisa ajuda alguns enquanto outros morrem? Pessoas que acreditam que alguma coisa as ajudará sentem esperança e o entusiasmo que acompanha esse sentimento. Esse entusiasmo se registra no cérebro que então libera químicas e hormônios que fortalecem o sistema imune. O corpo então sabe como se curar. O que precisamos fazer é nos aquietar e sair do caminho. Nem mesmo precisamos saber o que está errado."

Pulei de alegria; tinha encontrado a resposta. Tudo que tinha a fazer era fortalecer minha crença na minha capacidade de curar a mim mesma. Podia escolher acreditar no que quisesse. Contanto que acreditasse, funcionaria. Posso praticar crer em qualquer coisa que deseje e dentro de dois a três meses, mudaria de acordo com a crença.

"Demora cerca de seis a oito semanas para mudar uma velha crença, com prática regular motivada", disseram-nos. Essas palavras foram como pedras preciosas para mim. Depois de dois dias praticando o programa, a maioria dos meus sintomas desapareceu e comecei a sorrir novamente. Não apenas tinha esperança, mas minha fé fora restaurada.

Em determinado momento do seminário, estava chorando histericamente, pedindo a meu marido para ajudar-me a reunir coragem para parar com a quimioterapia. Estava muito fraca e ferida por aqueles tratamentos. Implorei aos professores para me darem permissão de parar com os tratamentos. Eles se recusaram a assumir esse tipo de responsabilidade dizendo: "Essa é uma boa pergunta para fazer à sua sabedoria interior e ouvir a resposta interna".

Tentei perguntar à minha sabedoria, mas tudo o que obtinha era um medo terrível ao pensar em ter de continuar esta tortura tão logo retornasse para casa.

Depois de chorar intensamente, fui abordada por um professor que disse: "Isso é óbvio". "O que é óbvio?", perguntei, confusa. "Seu corpo está lhe dando a resposta poderosamente. Olhe como está chorando." "Que resposta? Você está querendo dizer que o meu choro está me dizendo que está tudo bem com parar a químio?" Queria que alguém me dissesse: "Sim, é certo parar". Ninguém ousou dizer-me estas palavras, exceto este corajoso professor. "É óbvio o que seu corpo está lhe dizendo. Estes são os sinais da sua sabedoria interior. Eles vêm com um sentimento forte."

Eu ainda não estava segura de qual era a mensagem. Contudo, quando voltei para casa, parei com a quimioterapia. Acredito que, se tivesse continuado com as sessões de tratamento, teria me tornado totalmente disfuncional. Estou muito feliz por haver tido a coragem de parar, mesmo que isso me deixasse apavorada.

Em julho de 1993, recebi outro choque. Um tumor canceroso apareceu em meu seio direito. O novo tumor media cerca de um centímetro naquela época e era uma forma diferente de câncer, não tão agressivo quanto o primeiro. Fiquei devastada porque achava que estava melhorando. Sentimentos de desespero começaram a surgir furtivamente e os estranhos sintomas reapareceram. Recusei-me a fazer a mastectomia recomendada e raivosamente deixei meu cirurgião para trabalhar com outro que concordou que uma lumpectomia seria suficiente. Recusei quimioterapia, radioterapia e medicação.

"Não compreendo porque a quimioterapia não a livrou deste tumor", exclamou minha nova cirurgiã. Meu novo oncologista disse-me inicialmente que seis meses de quimioterapia eram suficientes. Quando contei ao meu oncologista que decidira parar a quimioterapia depois da oitava sessão, ele me revelou que algumas pesquisas tinham demonstrado que oito sessões de 5FU eram suficientes. Foi útil saber. Contudo, se eu o tivesse sabido antes, teria me poupado de muita dor.

Estudei com um mestre de cura que me ensinou que é importante monitorar a quimioterapia pelo nível de produção de células T no corpo e não dar a mesma dose a todo mundo. Lembro-me de ter dito ao meu primeiro oncologista que a dose era muito alta para mim, que meu corpo estava muito fraco para lidar com aquela quantidade de química. Raramente tinha tomado qualquer remédio antes. Expliquei-lhe como meu cérebro quase não conseguia funcionar. Sua resposta foi que era a quantidade correta para o meu peso corporal. "É somente ansiedade", ele insistiu.

Por sorte, fui capaz de parar com os tratamentos. Mais tarde, ouvi que uma amiga que estava em quimioterapia tornara-se um vegetal – perdeu completamente sua capacidade funcional. Meu conhecimento interior impediu-me de me tornar um vegetal bem há tempo. Desejava ter prestado atenção aos sinais que meu corpo estava me dando e parado mais cedo.

Houve vezes em que meu medo começava a sair do controle. Tinha terríveis ataques de pânico à noite. Meu corpo pulava da cama aterrorizado. Eu costumava ser especialista em tratar pessoas com ataques de pânico e tinha desenvolvido numerosas técnicas que ajudaram muita gente. Nenhuma dessas técnicas me ajudou, até que olhei para dentro e identifiquei as crenças que estavam causando o pânico.

"Quais são suas crenças?", perguntava-me. "Eu não sei. Só que é aterrorizante morrer, suponho." Ouvi uma fraca resposta. Guiei-me a sentir o terror e exagerá-lo, como freqüentemente havia guiado meus pacientes em Terapia Gestalt. Comecei a chorar, conectando-me à energia do medo. Permiti-me regressar aos sentimentos de menina. Quando eu estava chorando, várias crenças me afloraram aos lábios em seqüência. Uma delas era: "Estou morrendo absolutamente só, ninguém pode vir comigo. Não sei para onde estou indo e é aterrorizante deixar tudo e ir sozinha para lugar nenhum".

"Aha, então é nisto que você acredita", respondi a mim mesma, subitamente me sentindo calma. Percebi que tão logo identifiquei as crenças subjacentes que causavam o terror, este desapareceu. Eu então o substituí por novas decisões curativas, tais como: "Posso escolher morrer em perfeita saúde na idade em que esteja certa de haver terminado meu trabalho na Terra e com um sentimento de plenitude e satisfação". Meus ataques de pânico desapareceram e voltei a dormir bem.

Fazendo as principais mudanças

"Câncer é um sinalizador para que possamos fazer mudanças", disse o dr. Lawrence Le Shan, autor de *Cancer as a turning point (O câncer como ponto de mutação,* editado no Brasil pela Summus Editorial*)*. Fiquei contemplando essa afirmação. Comecei a fazer mudanças em minha vida. Parei de trabalhar período integral e cortei minhas horas de trabalho para umas poucas por semana. Fiquei algumas semanas com amigos no Colorado e visitei minha família em Israel.

Comecei a perceber que quando estava no Colorado me sentia muito melhor. Mas tão logo voltava para casa, meu corpo começava a deteriorar tão rápido, que parecia estar se desmanchando diante dos meus olhos. "O que é isso? O que está acontecendo?", ficava me perguntando. "Talvez o câncer esteja progredindo e eu esteja morrendo", pensava freqüentemente com uma pontada de medo. Cada pequena dor ou sintoma era um sinal apavorante de que o câncer tinha voltado.

"Câncer é morte". Todo mundo sabia disso e algumas vezes eu também. Era muito difícil mudar essa crença.

Quando estava em Israel, percebi que começava a me sentir melhor. Reuni coragem suficiente e contei a meu marido que não estava voltando para nossa casa em Nova Jersey. Decidira passar seis meses no Colorado e seis meses em Israel. Disse a meu marido que se desejasse se reunir a mim era bem-vindo e se não, fosse o que fosse que quisesse fazer eu o amaria sempre e seria sua boa amiga. Ele respondeu: "Você não está me dando muita escolha. Não quero deixar Nova Jersey. O que haverá de bom em nosso casamento se estou aqui e você lá?".

"O que haverá de bom em nosso casamento se estou lá e morta?", disse eu. "Se quer o divórcio, isso é com você", continuei. "Você está planejando se aposentar em três anos de qualquer maneira, então se daqui a três anos quiser juntar-se a mim, é bem vindo." "Vou pensar", ele respondeu.

Dois dias depois meu marido ligou e disse que havia decidido pedir o divórcio. Fiquei tremendo de medo por meia hora pensando: "O que vai acontecer se meu câncer piorar e eu ficar em uma cadeira de rodas? Quem cuidará de mim depois de 32 anos de casamento?".

"Isso não é razão para se continuar casada", respondeu uma voz silenciosa dentro de mim. "É preferível morrer, me matar a vê-lo sofrer empurrando minha cadeira de rodas e tornando-se escravo da minha doença."

Resolvido de que esta era a coisa certa a fazer, experimentei um surto de excitação. "Estou livre! Oh meu Deus, estou livre para fazer o que me apraz sem compromisso ou me sentir culpada por viver a vida de acordo com os meus desejos. Deveria ter feito isso há 31 anos." A vida tinha se transformado em uma excitante aventura.

Contudo, o dano da quimioterapia não tinha sido completamente sanado. Cada pequeno estresse sobrecarregava meu frágil sistema nervoso. Custou-me anos para me recuperar dos efeitos da quimioterapia e reaver toda minha força e resistência.

Em agosto de 1994, voltei a Nova Jersey para o divórcio e para transportar meus pertences ao Colorado. "Me dê um ano para deixar aqui algumas das minhas coisas", pedi a meu ex-marido. Ele concordou. Uma vez mais, em Nova Jersey, naqueles arredores familiares, meus estranhos sintomas reapareceram.

Tendo de jogar fora muitas coisas e descobrindo que era extremamente difícil decidir o que levar da minha casa – cheia de livros, tapetes, vídeos e tesouros – para o Colorado, adicionou um enorme estresse ao meu já sobrecarregado corpo.

Quatro meses depois, em dezembro de 1994, meu médico confirmou meus receios de que o câncer tinha voltado – o pior ataque de todos. Nós dois "sabíamos" que o câncer havia se espalhado e que eu estava morrendo. "Você precisa ir direto para o hospital", disse ele com expressão austera. Tinha um tumor duro de 4 a 5 cm no seio, nódulos linfáticos inchados, estranhos sintomas que me assustavam e dor em várias partes do corpo, especialmente nos ossos.

"Tentei de tudo e nada funcionou", disse a mim mesma. "Não tenho escolha a não ser seguir o conselho médico." Esqueci completamente como no passado melhorava e piorava, melhorava e piorava – de acordo com o que estava acontecendo em minha vida. Perdi a esperança e desisti. Preparei-me para ir direto para o hospital no Colorado.

Subitamente, comecei a chorar histericamente. Comecei um diálogo com meu *self* interior como tinha ensinado a meus pacientes nos últimos 20 anos como terapeuta Gestalt. "Por que está chorando desse jeito?", perguntei.

Escutei uma voz incorpórea interior responder: "Estou com muito medo por você. Se for para o hospital, morrerá em poucas semanas. Eles cortarão outro pedaço e mais outro e então a envenenarão com químio e radioterapia, e todo tipo de medicação, não com a intenção de matá-la, mas é o que vai acabar acontecendo. Estará tão assustada e frágil, que esquecerá que pode curar-se. Não terá forças para conectar-se comigo e me ouvir – sua voz interior. Padrões de pensamento e opiniões alheios serão facilmente impressos em sua mente e demandará muito esforço confiar em seu próprio conhecimento".

"Mas eu não tenho escolha", respondi atentamente. "Tentei de tudo e nada funcionou. O hospital é agora a única solução. O câncer me matará se eu não cortá-lo fora."

"Você quer ir para o hospital?", escutei uma parte firme de mim inquirir.

"Não, é claro que não quero", disse eu indignada.

"Então não tem que fazer o que não quer."

"O que quer dizer com não tenho que fazer? Não tenho escolha", argumentei.

"Você quer ir?, continuou aquela voz firme.

"Não. Oh meu Deus, não tenho que ir para o hospital se não quero! Sou livre para fazer o que desejo. É a minha vida, o meu corpo. Que alívio!"

Prestando atenção na minha voz interior

Imediatamente recuperei minha energia enquanto repetia alegremente: "É minha escolha, eu posso escolher. Não tenho que escutar o que os outros estão dizendo o que preciso fazer. Não tenho que escutar ninguém".

"Mas que devo fazer agora?", perguntei-me cautelosamente.

Pensei um pouco e então respondi: "Dê a si mesma três meses para praticar tudo o que aprendeu e tem ensinado. Se não for bem sucedida, sempre poderá ir para o hospital".

"Esta é uma boa idéia. Desta maneira posso testar tudo que tenho ensinado, para ver se funciona ou não. Além disso, se é minha hora de morrer, é preferível morrer em paz em um corpo satisfatório do que me tornar um zumbi que precisa que os outros tomem conta."

"Seja cuidadosa; não conte a ninguém sobre seu plano. Você sabe que o medo deles e suas boas intenções a enfraquecerão e você pode esquecer esse sentimento de esperança e alegria."

Recordei-me como, quando recusei a recomendada intervenção médica depois da minha lumpectomia, família e amigos do mundo todo me ligaram para dizer que eu deveria fazer a quimioterapia e a radioterapia e ouvir os médicos. Pessoas que nunca me haviam ligado em 53 anos de vida subitamente sentiram que era direito delas ou seu dever me dizer como viver minha vida.

O medo delas me enfraqueceu imensamente, da mesma forma que pessoas que eram positivas e nutridoras me fortaleceram.

Dessa vez não contei nada a ninguém. Estava muito fraca por causa da doença e de todo o medo que a acompanhava; sabia que seriam capazes de influenciar-me e eu me renderia e acabaria indo para o hospital, que eu sabia que seria a morte.

Comecei a me sentir trêmula enquanto pegava no telefone para cancelar minha hospitalização. "Está arriscando sua vida, provavelmente cometendo suicídio", disse o médico do outro lado da linha.

Comecei a tremer. O medo surgiu novamente. "Como ouso dizer a meu médico que posso fazer o que sinto que é melhor para mim, que tenho o direito de decidir como desejo viver minha vida? Como ouso duvidar do que ele me recomenda?" Quase capitulei. Lembrei-me quão temerosa era dos médicos na maior parte do meu crescimento, achando que eram deuses e que nunca deveria me opor ao que diziam.

Reuni coragem e disse: "Vou pensar", e rapidamente desliguei o telefone. Meu coração começou a bater forte de medo.

"Você não tem que dar tanto poder aos médicos se não quer", escutei uma vozinha consolar-me. Decidi não contar a ninguém o que estava fazendo e comprei uma passagem para o Havaí para ficar sozinha.

"Deveria ao menos fazer uma biópsia?", perguntei a mim mesma.

Escutei um definitivo: "Não! Para quê? A agulha fará o tumor sangrar e o câncer se espalhará mais depressa. Será muito mais difícil então curá-lo".

Eu também sabia que o que os médicos me disseram estava impresso profundamente em meu consciente e inconsciente. Mudar essas impressões consumiria muito da minha energia. Essa energia é muito preciosa e precisa ser destinada a uma imagética curativa.

No dia seguinte, levantei com descrença pensando: "Câncer? Eu? De jeito nenhum! Não vou cair nessa". Pulei da cama e fui para fora pular do trampolim. Estava tão fraca e tinha tanta dor que subi nele com dificuldade. Saltei gentilmente, afirmando mais e mais a cada salto: *Estou ficando mais e mais forte, mais e mais saudável, mais e mais feliz, mais e mais sábia a cada dia.*

Essa sentença me tem sido muito útil. Aprendi-a quando estava em desespero e desalento, sabendo que a morte era iminente e que poderia chegar a qualquer momento. Isso reacendeu um raio de esperança em mim, que acabou me ajudando a me reerguer.

A caminho do Havaí, parei em Los Angeles e São Francisco para assistir a vários *workshops*, onde aprendi antigos exercícios de Cura Tao Chinesa. Estava dirigindo de Los Angeles a São Francisco sentindo-me muito ansiosa por tantas horas ao volante, imaginando se meu corpo poderia suportá-lo. Comecei a praticar alguns dos exercícios que acabara de aprender no *workshop* de Los Angeles. Visualizei meus órgãos internos sorrindo. Para minha surpresa, isso me energizou e a jornada acabou sendo muito fácil. “Estou na pista certa”, congratulei-me.

No Havaí, sozinha, foi muito difícil no começo. “Enfrente sua solidão, sinta a dor, não fuja”, lembrei-me de dizer a mim mesma. Por alguns dias, fiquei na cama chorando, investigando profundamente minha dor. Estava apavorada de tornar-me incapacitada de tanta dor. Meu temor era morrer de morte torturante com dor intolerável. Não podia suportar o pensamento de que alguém precisasse cuidar de mim. Estava muito tentada a chamar por alguém, entrar em contato e conversar com minha família e amigos. Controlei-me e me forcei a enfrentar minha dor. Estava com muito medo que a dor piorasse, que fosse demais para agüentar. Depois de vários dias mergulhada sentindo minha dor, subitamente ela se foi.

Eu praticava autocura três vezes ao dia – fazendo relaxamento profundo, mudando minhas atitudes doentias em novas percepções saudáveis, visualizando meus órgãos sorrindo e integrando tudo o que tinha aprendido. Devotava três horas por dia a este trabalho – uma hora de manhã, outra ao meio-dia e outra à noite.

Comecei a me sentir tão bem, com tantas energias renovadas, que um raio de esperança definido emergiu. "Não é possível que eu esteja morrendo se me sinto tão bem", dizia com alegria, sorrindo para mim mesma no espelho. "Maravilhoso, você está no caminho certo." Celebrei com uma xícara de café. Depois de ter experimentado tantas dietas, de comida orgânica, macrobiótica, comida viva, germe de trigo e sucos vegetais, conscientizei-me de que saúde e cura não tem muito a ver com o que eu comia, mas com as atitudes de auto-sabotagem que me "comiam".

O caminho não foi suave. Houve momentos em que me esquecia, sobrecarregando-me de trabalho, ficando muito estressada e algum sintoma novo, uma vaga dor nova, trazia de volta tantos sintomas estranhos que eu dizia: "O câncer voltou".

Não percebia que os sintomas estranhos eram causados por aquelas atitudes. Fiquei temerosa de que o câncer tivesse se espalhado. O medo, "Tentei de tudo e nada ajudou; o câncer está se espalhando e logo morrerei de forma horrível e dolorosa", era um processo de pensamento comum que freqüentemente me atravessava. Não tinha idéia de que eram as atitudes que criavam a dor. Esses sintomas dolorosos e o desconforto emocional que estava sentindo eram a maneira do corpo mostrar minhas atitudes doentias.

Percebi como meu corpo tornou-se sensível às energias de outras pessoas e a seus pensamentos negativos. Comecei a prestar mais atenção às pessoas as quais me associava e aos lugares aonde ia. Mesmo uma ida ao supermercado podia esgotar minha energia e eu voltaria para casa exausta. Tive de aprender a cortar muitas atividades e encontrar mais tempo para ficar sozinha e ao natural. Aprendi a prestar atenção e a seguir o sistema de respostas do corpo, o que demandava tempo, diligência e concentração.

Três meses depois voltei a Israel. Fui ao médico para descobrir como estava indo o meu câncer. "Não segui as ordens médicas", disse a ele, "mas gostaria de ter uma opinião objetiva. Sinto que meu tumor diminuiu. Mas não sei se estou iludida, então um diagnóstico neutro seu seria apreciado".

“Por que eu deveria examinar você se não vai seguir minhas recomendações”, perguntou ele.

Pensei um momento e disse: “Se você achar que ainda está perigoso, prometo descartar tudo de minha vida e praticar as técnicas de autocura o tempo todo”.

Lembre-se destas palavras, disse a mim mesma. *Você descartará tudo e continuará praticando autocura em tempo integral*!

Estava admirada em quão facilmente perdia minha disciplina de praticar o que me era tão útil.

“Ok”, disse ele concordando em me examinar.

“Sim, é perigoso”, disse o médico após o exame. “Você precisa ir direto para o hospital.”

“Qual o tamanho do tumor?, perguntei com o coração afundando.

“Cerca de 2 a 2,5 cm. Está muito duro, e sim, é câncer”, ele disse.

Suspirei de alívio. “Estou no caminho certo. O tumor diminuiu pela metade”, expliquei com deleite. “Como estão os nódulos linfáticos? Ainda estão inchados?”, continuei, apreensiva.

“Os nódulos linfáticos estão normais”, ele disse.

Não pude conter um sorriso de alívio: “Obrigada.”

“Lembre-se de descartar tudo”, recordei a mim mesma. Imaginava se conseguiria fazê-lo. Eu o faria? Era tão difícil! Estava certa de que continuaria pensando: “Não posso descartar-me disso” e “Tenho que fazer isso” etc. etc. Agora acreditava que, se tivesse coragem de descartar-me de tudo, seria curada muito mais depressa.

Continuei praticando minha autocura, apesar dos muitos pensamentos que distraíam meu foco e atenção. A certeza do médico sobre o meu câncer e que ele estava ameaçando minha vida me abalou. Tornei-me mais consciente de como os pensamentos que albergava me afetavam. Mais uma vez, comecei a sentir estranhos sintomas. Qualquer pequeno estresse se ampliava em um forte trauma. Minha saúde estava se deteriorando. “Não escute os médicos”, dizia a mim mesma enquanto tentava desesperadamente apagar seu diagnóstico de minha mente. Redobrei meus esforços para concentrar-me em pensamentos curativos.

Oito meses mais tarde, em novembro de 1995, meu médico no Colorado disse-me que meu câncer tinha desaparecido. Meu cirurgião na cidade de Nova York confirmou: "Sua mama está normal".

Como recomendado, visitei muitos médicos para *checkups* a cada seis meses, em Israel e nos Estados Unidos. Uma vez, o médico estava atrasado e comecei a me sentir impaciente. Enquanto meu olhar passeava pela sala de espera cheia de pacientes, perguntei a mim mesma: "Se minhas atitudes criaram minha saúde, o que estou fazendo sentada aqui? Por que estou gastando meu tempo dessa maneira? Não existe alguma outra coisa que eu preferisse estar fazendo com esse tempo?", refleti. "O que preferiria fazer com o meu tempo em vez de esperar em consultórios médicos?."

"Preferiria nadar com golfinhos, ajudar pessoas a curarem a si mesmas, visitar minha família em Israel mais freqüentemente, passar o tempo com amigos e fazer coisas divertidas que me dessem alegria", respondi.

"Então faça isso!", escutei-me dizer resoluta.

"*Mas tenho de fazer o hemograma e...*"

"Quer realmente perder tempo aqui esperando impaciente por veredictos médicos?"

Parei de argumentar recordando o que sabia no mais profundo do ser. "Não, preferiria fazer outras coisas. Não tenho de forçar-me a nada que eu não queira fazer. Sei que posso curar a mim mesma. Não preciso da aprovação ou da desaprovação do médico." Levantei-me e saí do consultório.

Não vejo um consultório médico a muito tempo. Agora escuto e respondo aos sinais do meu corpo constantemente. E fiz o *criar saúde* a mais alta prioridade em minha vida.

Aqui, neste capítulo, partilhei minha jornada para ajudá-lo em sua própria recuperação ou prevenção. No próximo capítulo, exploraremos as causas espirituais do câncer e como o negar nossa bondade e merecimento inerentes causa o colapso do corpo. Também falaremos sobre o *feedback* que nossos sintomas nos dão que, se compreendidos, podem guiar-nos em nossa cura.

capítulo 3

COMPREENDENDO O SIGNIFICADO DE SEUS SINTOMAS

Embora tivesse sido capaz de ajudar muita gente a curar-se de câncer muito antes do meu próprio aparecer, quando comecei a receber os primeiros sinais de alerta não estava prestando atenção. Continuei a tomar decisões que não eram as melhores para mim e que mais tarde lesaram minha saúde.

Em 1991, meu marido e eu fomos ao Havaí para uma semana de férias. Na noite anterior à nossa volta para casa, estávamos admirando o belíssimo céu quando subitamente uma profunda e escura depressão me engolfaram. "Que é isso?", pensei. "Não estou contente de voltar para casa?" Sabia que a resposta era "Não".

Voltei-me para meu marido: "Acho que preciso de um ano sozinha. Estar com você provoca o medo que sinto de meu pai. Preciso curar esse medo e a melhor maneira de fazê-lo é ficar um tempo sozinha".

Meu marido replicou: "Se quer tirar um ano de férias vamos nos divorciar então. Como vai fazer com seu consultório? Você o construiu tão bem. Se arriscaria a perder todos os seus clientes?".

"Acho que você está certo", concordei, e então acrescentei para mim mesma, *Mas se eu ficar constantemente deprimida será sinal de que devo tirar uma licença*.

Tinha estado trabalhando arduamente toda a vida, especialmente nos últimos 30 anos quase sem paradas. Meu corpo suspirava por um tempo livre, mas minha mente super-racional bloqueou essa informação. Não me ocorreu tirar um mês ou mesmo uma semana para descansar. Em vez disso, apenas tranquei essa conversa fora da minha mente. Achava que tinha tudo que alguém poderia desejar. Era uma psicóloga bem-sucedida, que ajudava centenas de pessoas semanalmente. Desfrutava de prestígio, prosperidade e de um relacionamento próximo com a família e os amigos. O que não percebi foi que *alguma coisa de profundo significado estava faltando em minha vida*.

Sei agora que era o amor espiritual interno, que tinha gradualmente desaparecido de minha consciência e de minha vida. Esse amor puro que fazia me sentir radiante, bela, pacífica e beatificamente feliz tinha ido embora. Estava tão preocupada em lidar com as numerosas tarefas diárias, com minhas próprias preocupações e as dificuldades dos outros que esquecera de seguir meu guia interior e confiar nesse conhecimento.

Um ano depois, fui diagnosticada com um agressivo câncer de mama. Infortunadamente foi somente quando recebi meu terceiro diagnóstico de câncer que finalmente aprendi a ouvir o *feedback* que me estava sendo dado.

Sintomas são mensagens do corpo dizendo a você que o que está pensando, sentindo e fazendo o está tornando doente. Você está sendo alertado para os efeitos prejudiciais que suas atitudes e ações estão causando a seu corpo. É a maneira do corpo lhe dizer que está na hora de fazer algumas mudanças, que ele está tendo dificuldades em manter um sistema imune forte e que precisa de sua assistência. Esses sinais podem ajudá-lo a descobrir e a curar as decisões de auto-sabotagem que tem tomado contra si mesmo.

Quando prestamos atenção a esse *feedback*, ouvimos a sabedoria do corpo e começamos a tomar decisões que nos respeitam, podemos ajudar o corpo a recuperar harmonia e saúde. Quando esses sinais são ignorados ou anestesiados com medicação, o resultado é a doença. Enquanto continuamos a ignorar o *feedback* natural do corpo, nossa saúde se deteriora mais ainda.

Em minha experiência, quando estamos no aperto da doença, nosso sistema mente/corpo/espírito nos dá três diferentes tipos de *feedback*:

Você está me matando

Primeiro, os sintomas nos dizem que nossas atitudes doentias estão tendo um efeito destrutivo sobre o corpo. Esses sintomas são mensagens que podem nos ajudar a descobrir e a curar nossas decisões tóxicas sobre o corpo. Se ignorarmos esses sinais, os sintomas pioram. É a maneira do corpo dizer: "Pare! O que você está fazendo está me matando!".

O câncer, com suas mensagens persistentes e inexoráveis, foi o catalisador que finalmente me forçou a mudar. Não tinha tido férias em 30 anos. Estava estressada e sobrecarregada de trabalho, trabalhando sete dias por semana, além de ser esposa e mãe. Estava sempre para todo mundo, mas raramente para mim mesma. *Precisava estar para mim também, então poderia tirar um tempo livre*.

Uma das atitudes tóxicas subjacentes ao câncer de mama é "*maternar* o mundo" em vez de tomar conta de si própria. Precisamos tomar conta do nosso trabalho e da nossa família, mas também precisamos cuidar de nós. Bastou um instante para eu aprender a prestar atenção ao que meu corpo estava dizendo e começar a fazer mudanças.

Quando prestamos atenção aos sinais do nosso corpo e damos a ele o que necessita, nos tornamos parceiros integrais de nossa recuperação. Na Parte II você aprenderá como trabalhar com o corpo em vez de agir contra ele. Quando comecei a ouvir a sabedoria dentro de mim e a segui-la, as coisas começaram a mudar.

Escute a sabedoria interior

Segundo, os sintomas são avisos de que não estamos ouvindo a sabedoria interior. O dr. Albert Schweitzer, notável médico humanitário, disse: *Dentro de cada um existe um médico que sabe exatamente o que precisamos fazer para ficar bem de novo.*

Temos dentro de nós a sabedoria para curar a nós mesmos dos alertas físicos, emocionais e mentais. A sabedoria das idades está dentro das células de nossos corpos. Foram transmitidas por gerações através de nossas células. Toda a sabedoria de nossos ancestrais está contida em cada fibra do nosso organismo. *O corpo sabe do que necessita para recuperar a saúde.* Existe uma vasta inteligência intuitiva contida em nosso sistema mente/corpo/espírito e por ela podemos ser guiados em nossa recuperação.

Os sintomas nos fazem lembrar para nos aquietarmos e ouvir esse conhecimento intuitivo que nos ajudará a restaurar a saúde. O maior desafio no processo de autocura é aprender a não ser afetado pelos pensamentos e crenças dos outros, mas tomar orientação de nossa própria sabedoria interior. Todos temos um *self* sábio que sabe o que é melhor para nosso corpo. Na Parte II você aprenderá como acessar esse reservatório de sabedoria e usá-lo em sua própria cura.

Negando seu verdadeiro *self*

Terceiro, os sintomas são *feedback* nos alertando de que estamos negando nosso eu verdadeiro, que é puro amor, bondade e alegria. O câncer, em nível profundo, é uma mensagem de que nos afastamos da parte de nós que é boa, amorosa e digna de amor. Minha experiência mostrou-me que a doença é uma negação a nível subconsciente de nossa bondade, merecimento e amor inerentes e uma identificação de nós mesmos como não bons, merecedores ou dignos de amor o suficiente. Essa negação resulta em sentimentos de medo e incerteza que terminam desabilitando o sistema imune, criando ambiente para o câncer e outras doenças.

Doença é uma mensagem de que não estamos nos amando e estamos negando nossa bondade, nossas necessidades e nosso merecimento. Especificamente, quando tomamos decisões baseadas em não sermos bons e dignos de amor, saímos do alinhamento com nossa plenitude e o corpo começa a voltar-se contra si mesmo – da mesma forma que temos feito conosco. Quando tomamos decisões contra nós mesmos, o corpo então atua nesta decisão e começa a atacar-se a si mesmo – e o processo conhecido como doença tem início.

Temos de entender que o corpo reflete o que acreditamos e sentimos. Dependendo de quão longe estamos de nosso verdadeiro *self*, os padrões de pensamentos se aglomeram e bloqueiam o fluxo da vital energia vida-força. Quanto mais distante maior o bloqueio. São como nós emaranhados. Cada pensamento doentio que mantemos torna-se outro nó, até que a doença nos atinge em nossos pontos fracos de acordo com os pensamentos que mantemos no corpo.

Nossas atitudes de auto-sabotagem – como acreditar que somos vítimas, frágeis, amedrontadas, incertas, incapazes de perdoar etc. – nos desconectam do poder e do inerente merecimento do nosso *self*. Essa negação da nossa verdade é a causa espiritual do câncer e de outras doenças.

Doença é um alerta de que existem questões psicológicas e espirituais que precisam ser saneadas. Ela nos dá o *feedback* de que estamos negando nosso eu verdadeiro ou *self* espiritual do amor puro e bloqueando nossa saúde e felicidade.

A PNI estabeleceu a conexão da mente/corpo com a doença e a saúde. Meus estudos e experiências me mostraram que existe uma conexão entre mente/corpo/espírito e doença e vice-versa. *A causa da doença é psicológica e espiritual, não física*. Ela precisa ser curada para o corpo recuperar-se completamente.

Antigas práticas curativas têm me mostrado que *a cura acontece no nível espiritual*. A menos que a causa espiritual bem como a causa psicológica do câncer seja curada, ele continuará voltando – algumas vezes em partes diferentes do corpo. Uma vez curadas as causas psicológica e espiritual, o bloqueio de energia é liberado e o corpo pode curar-se a si mesmo.

Como psicóloga e três vezes sobrevivente de câncer, sei que podemos curar nosso corpo pela mudança das atitudes tóxicas que nos desconectaram do amor do nosso verdadeiro *self*. Como toda cura acontece no nível espiritual, precisamos nos reconectar com este amor, que é a mais poderosa energia curativa que existe. Então este amor que está dentro de nós flui através do corpo criando saúde e somos curados.

Marianne Williamson disse em seu livro, *A return to love* (Um retorno do amor), editado no Brasil pela Editora Paradigma:

> "Amor é com o que nascemos. Medo é o que aprendemos. A jornada espiritual é o desaprender do medo e a aceitação de volta do amor em nossos corações."

Quando sentimos falta de amor, temos medo. O medo toma muitas formas, como raiva, ressentimento, ciúmes, ansiedade, preocupação, dúvida, ódio, vergonha, culpa, julgamento, menos valia etc. O amor abre os canais de energia para a força da vida fluir suavemente, o que permite aos sistemas do corpo funcionar harmoniosamente.

Medo e emoções dolorosas produzem reações de luta ou fuga, que estressam as glândulas ad-renais e o sistema nervoso e então o desequilíbrio hormonal acontece. A falta de amor e a dor emocional criam uma interrupção constante no fluxo saudável dos sistemas do corpo – cardiovascular, respiratório, endócrino, circulatório, digestivo, nervoso, eliminatório etc. Essas interrupções causam um desequilíbrio químico que agride o corpo até que as células se multipliquem em células anormais chamadas de câncer ou doença grave.

Quando nosso medo é curado, descobrimos o amor do nosso verdadeiro *self* subjacente – o que não só nos faz nos sentirmos bons como fortalece nosso sistema imune e nos cura. E no processo, entramos em contato com nossa verdade, mérito e magnificência.

A dádiva da doença é que ela nos leva do nível físico, onde geralmente operamos, para o emocional, o mental e finalmente ao nível espiritual, nos reconectando com nosso *self* verdadeiro – a fonte de toda saúde duradoura. Desta maneira, a doença pode transformar-se em uma viagem de redescoberta do *self*.

Marianne Williamson continua em seu livro:

> "O amor é a realidade essencial e o nosso propósito na Terra. Estar consciente disso, experimentar o amor em nós e nos outros é o significado da vida."

Quando nos reconectamos ao nosso verdadeiros *self*, nossos corpos relaxam, nossas mentes se aquietam e entramos em contato com sentimentos de amor – amor por nós, amor pelos outros e amor por um poder mais alto. Usando essa conexão mente/corpo/espírito, *temos o poder de curar nossos corpos*. E criar uma vida cheia de alegria que nos alimentará a mente, o corpo e a alma.

Sintomas de doença são mensagens críticas de nosso *self* verdadeiro instigando-nos a levantar e voltar ao caminho para que nossos corpos possam, uma vez mais, ser nutridos pelo amor e alegria interiores que estão sempre esperando para ser sentidos. *Alegria fortalece e reconstrói o sistema imune*. Então é importante seguir a alegria se queremos reverter ou prevenir o câncer e outras doenças.

Sinto-me o mais saudável possível quando estou em minha mais alta alegria e sigo meu conhecimento interior. Descobri que nada de fora funciona melhor para mim. Tenho todas as minhas necessidades atendidas de dentro. Médicos como Deepak Chopra nos dizem que todo o remédio que precisamos está dentro do nosso corpo. Quando estou alegre, meu corpo é capaz de fabricar todas as vitaminas e os remédios de que preciso e a corrente vida-força dentro de mim fornece a energia de que necessito. Quando estou centrada nesse conhecimento, minha vida flui da melhor maneira e irradio saúde.

Seguindo nossa alegria, qualquer coisa mantida no corpo que bloqueie nossa saúde é trazida à consciência para que possamos liberá-la – sem nos prejudicar e aos outros. Dessa forma, nossos corpos se tornam autocurativos.

Por exemplo, lembro-me de acordar certa manhã resfriada, sentindo-me fraca e miserável. "O câncer provavelmente está de volta", foi meu primeiro pensamento temeroso. "Comi coisas não saudáveis ontem; devia voltar a comer comida orgânica", foi meu pensamento seguinte. "Deveria começar a tomar vitamina C", foi a idéia que rapidamente seguiu-se. "Espere um momento", finalmente interferi, "Você não está em sua alegria". Então, perguntei a mim mesma: "O que lhe daria alegria?".

Ä resposta imediata foi "chocolate". Sorri e saí para comprar chocolate – Nutrageous, o meu favorito. Enquanto estava comendo o chocolate, tornei-me consciente de uma profunda raiva que estava segurando, que não estava expressando ou assumindo, mas negando como coisa ridícula.

"Vá para dentro dessa raiva, sinta-a. Tudo bem sentir raiva", encorajei-me.

Cenas do passado, de 25 anos atrás, surgiram em minha mente, incidentes em que me senti ferida, mas não sabia como levantar por mim mesma.

Comecei um diálogo interior com as pessoas envolvidas e disse-lhes tudo o que sentia. Permiti a total expressão da minha raiva dentro da minha cabeça, dizendo à pessoa que me feriu que coisa horrível de se fazer a outro ser humano.

Subitamente compreendi quão amedrontada, insegura e ameaçada aquela pessoa era pelo meu sucesso e vi que tinha me ferido para que pudesse construir sua própria imagem. Tão logo o compreendi, senti compaixão, e meu resfriado desapareceu instantaneamente.

A dra. Margo de Kooker, em seu artigo, "Psiconeuroimunologia", afirma:

> "Pesquisas no campo da medicina mente/corpo revelaram uma coleção de peculiaridades do 'poder imune'. Esses 'hábitos saudáveis' têm enfrentado o escrutínio dos pesquisadores e os indivíduos podem desenvolvê-los para servir como barreiras contra o colapso do sistema imune e a progressão da doença.

> Eles incluem estar consciente do *feedback* de sua mente/corpo; aprendendo a ver a vida com um senso de compromisso, controle e desafio; desenvolvendo forças para correr atrás do prejuízo e capacidade de confiar traumas e sentimentos a você mesmo e aos outros."

A Parte 2 mostrará como fazer exatamente isso.

Quando finalmente parei de fazer as coisas que me tornavam infeliz e comecei a fazer o que me alegrava, comecei a sentir-me melhor. *A alegria é o* feedback *do corpo de que estamos conectados ao nosso verdadeiro* self. Quando estamos verdadeiramente felizes, nossos corpos são saudáveis. Pare de fazer coisas que o fazem infeliz. Em vez disso, siga sua alegria, faça o que o energiza e revitaliza e o faça sentir-se vivo!

Eu me perguntaria: "O que me alegraria fazer neste exato momento?". E então o faria. Comecei a seguir o caminho do meu verdadeiro *self* – nossa mais alta verdade, que somos bons, amorosos, meritórios, criativos e sabemos ter algo de valor intrínseco para contribuir com o mundo à nossa volta – e descobri a verdadeira felicidade. Esta é minha paixão, meu propósito de vida.

Descubra sua paixão, aquela que lhe traz alegria. É isso que dá significado à vida e uma razão para continuar. Visualize-se vivendo essa paixão, use sua energia criativa e então isso pode revelar-se. Focalize a mente fora da doença para viver sua paixão. Isso nos traz de volta à vida e ao nosso verdadeiro *self*, que reconstrói o sistema imune e cura.

Henry Dreher diz em seu livro, *The imune power personality*:

> "O poder imune é demonstrado em um indivíduo que é capaz de encontrar verdadeira alegria, significado e mesmo saúde, quando a vida lhe oferece os mais difíceis desafios".

Quando fui diagnosticada pela primeira vez com câncer, depois de não ter prestado atenção aos sinais do corpo para parar com minha vida estressante, meu corpo estava realmente me dizendo: "Ou vive a vida que lhe traz alegria ou vou cobrar a conta de você. A vida é para ser desfrutada e não carregada com os *eu tenho que fazer*".

Para encontrar pistas de onde você não está prestando atenção aos sinais do seu corpo, não escutando sua própria sabedoria, negando sua bondade, suas necessidades e tomando decisões contra si mesmo, procure nas áreas em que aceitou meios para aliviar embaraços em vez de escolher sua mais alta alegria.

Aqui vai uma lista de checagem de sintomas para mostrar-lhe como o sistema corpo/mente/espírito se comunica quando você aceita menos que alegria.

Lista de checagem de sintomas – *feedback*

1. Sintomas físicos:
    - Falta de energia, letargia, cansaço
    - Dor
    - Mal-estar
    - Doença

2. Sintomas emocionais:
    - Sentir-se mal, infeliz e estressado (medo, ansiedade, depressão, impotência dúvida, ressentimento).
    - Relacionamentos conflituosos e infelizes (raiva, fúria, gritos, papéis de vítima).

3. Sintomas mentais:
    - Pensamentos negativos, pessimistas, cínicos e sarcásticos.
    - Hipercrítico, encontrando alguma coisa errada em tudo e em todos. Por exemplo, pensar "Sou melhor que você".

- Descompor os filhos nunca achando que são bons. Por exemplo: "Você é estúpido, não serve para nada, nunca vai valer nada".
- Concentrar-se muito no que está errado com você, com pensamentos como "Não sou bom o bastante".

4. Sintomas espirituais:
    - Sem inspiração ou esperanças sobre o futuro.
    - Perda da conexão com seu amor e bondade inerentes.
    - Nenhuma paixão pela vida. Perda de propósitos. A vida não tem significado.
    - Correr atrás de coisas materiais, prestígio e poder e sentir-se vazio por dentro.
    - Falta de alegria.
    - Desconectados de sua fonte espiritual de inspiração, amor e alegria.

O dr. Carl Simonton disse: "O câncer é uma mensagem de amor. A doença nos convoca a corrigir nossas atitudes doentias, a escutar nossa sabedoria interior e a ser nosso verdadeiro *self*".

Quando finalmente comecei a honrar meu verdadeiro *self* e fazer as coisas que meu coração anelava, comecei a seguir minha felicidade. Percebi que coisas mágicas se revelariam. Encontrava pessoas novas e a sincronicidade me levava a novas e maravilhosas aventuras. Minha vida se tornou tão magnífica que finalmente compreendi que meu câncer fora uma mensagem de amor. Acabou sendo uma incrível dádiva que mudou radicalmente minha vida. A maioria dos meus sonhos se realizou.

Recordo-me de que freqüentemente pensava, quando estava vivendo longe do oceano que eu amava: "Anseio por viver perto da água, então por que escolhi viver aqui?". Viver ao lado do mar parecia um sonho impossível que somente alguns poucos ricos e afortunados podiam desfrutar. Nunca me ocorreu que uma pessoa simples como eu poderia realmente viver na praia. Agora vivo perto do oceano no Havaí e a vida se revelou de maneiras novas e mágicas. Se eu posso fazê-lo, então você também pode.

Pessoas com câncer e outras doenças estão morrendo por mortes miseráveis devido à ignorância e à falta de conhecimento. Os médicos estão fazendo o melhor que sabem. Contudo, todas essas mortes são desnecessárias quando existem métodos melhores disponíveis – embora possam não ser ainda totalmente conhecidos ou compreendidos.

Ainda levará um tempo para mudar a abordagem atual sobre cura. Mesmo quando esse conhecimento é compreendido e aceito pelos médicos tradicionais, demora anos para o clima mudar. Novos livros, novos mestres, novo pensar, leva longo tempo para idéias novas serem adotadas. Enquanto isso, pessoas estão sendo torturadas pela dor e por tratamentos como cirurgia e quimioterapia como eu fui.

Se tivesse esperado até que o que eu praticava fosse amplamente aceito pela medicina tradicional e não desse uma chance a esses exercícios de autocura, teria prolongado minha tortura – e a morte teria sido inevitável. Agradeço a Deus por não ter ouvido as figuras de autoridade que me disseram que seu conhecimento era mais acurado que o meu. Eu estava apavorada por ouvir meu próprio coração e desafiar o pensamento tradicional à minha volta. Mas, por sorte, o terror de continuar com o que estava me torturando foi maior que o medo de arriscar a vida tomando-a em minhas próprias mãos.

Acredito que a doença é uma solução para um problema maior. Tantas pessoas hoje estão superestressadas, raivosas, invejosas e vingativas; ferem umas às outras de tantas maneiras! Mesmo entre os líderes de um país – nas organizações governamentais, corporativas e religiosas –, o crime é desenfreado. Acredito que a doença é o catalisador que o subconsciente coletivo encontrou para nos forçar a retomar o contato com nossa bondade para que possamos viver vidas plenas e meritórias.

Por exemplo, quando eu não fiz voluntariamente as mudanças em minha vida, o câncer foi a solução que meu subconsciente encontrou para guiar-me de volta ao meu verdadeiro *self* e viver uma vida mais alegre. As pessoas estão ansiando por viver vidas alegres e significativas. Seus corpos estão lhes dizendo: "Ou você encontra uma maneira de desfrutar a vida, ou vou cobrar você", como o meu corpo me disse.

Os problemas em nossa sociedade são meramente reflexo dos problemas coletivos que habitam em cada um. Compete-nos fazer as mudanças interiores para sentir mais amor, alegria, paz e saúde. Se quisermos desfrutar a vida em um mundo seguro e saudável, precisamos começar a curar a nós mesmos. Na minha opinião, pessoas desafiando o câncer e outras doenças são guerreiros prontos a empregar suas enfermidades para que o mundo desperte para sua bondade.

A estatística sóbria de que o câncer, que é o assassino número dois em nossa sociedade, logo será o número um (substituindo a doença cardíaca) é um dado que nos fornece um profundo *feedback*. Como a causa mais profunda da doença cardíaca é um coração fechado e a do câncer, a negação do verdadeiro *self*, esses sintomas sociais estão espelhando nosso anseio coletivo de *nos conectar com um* self, *um propósito e uma paixão mais elevados – entusiasmo e excitamento pela vida.*

Precisamos nos conscientizar de como nossas decisões tóxicas subconscientes regem e sabotam nossas vidas. É um mecanismo autodestrutivo que pode, contudo, ser mudado. O primeiro passo é fazer mudanças em nossa saúde emocional, mental e espiritual. *Mudanças físicas seguem as mudanças feitas internamente. Quando as energias da paz, do amor e da alegria são fortalecidas e se elevam a novos níveis de harmonia, os sintomas de dor, sofrimento, medo e mal-estar começam a diminuir.* No final existirá cada vez menos mal-estar na vida das pessoas. Não haverá mais necessidade disso.

Na Parte II você aprenderá a ler as mensagens que seu corpo está lhe dando para que possa apoiar seu processo inerente de cura. Descobrirá como negou suas necessidades quando tomou decisões contra seu verdadeiro *self* de bondade e merecimento, e como corrigir isso. Aprenderá a escutar o médico interior e a seguir sua orientação.

Aprenderá como praticar os exercícios de autocura para abrir caminho à força vital que energiza e cura o corpo. Quando a dor e o medo são aliviados por intermédio da prática desses exercícios, o corpo relaxa e a mente se aquieta. Então você aprende a conectar-se à fonte espiritual, fonte de toda cura. Finalmente, aprenderá a seguir sua verdadeira felicidade, o caminho do seu verdadeiro *self*.

Esses exercícios redirecionam a mente de volta à verdade de sua bondade e merecimento inerentes, que enviam sinais ao cérebro para fortalecer o sistema imunológico e iniciar o processo de cura. Quando esses exercícios são praticados regularmente, o câncer e outras doenças começam a ser revertidos ou prevenidos.

PARTE II

O PROGRAMA DE 9 PASSOS PARA REVERTER OU PREVENIR O CÂNCER E OUTRAS DOENÇAS

capítulo 4

PASSO 1: TOMANDO A DECISÃO DE FICAR BEM

"Anteontem eu estava no hospital e me disseram que tinha poucos dias de vida. Os médicos me disseram que meu corpo estava tomado pelo vírus da aids e não havia nada que pudessem fazer para me ajudar." Edward, um participante do *workshop*, continuou: "Eu me levantei, deixei o hospital sem avisar ninguém e voltei para casa. Escutei o que você falou no rádio e sua história me fez vir e ver se seu trabalho pode me ajudar. É surpreendente que eu ainda esteja andando desde que existe uma completa cidadela de aids dentro de mim".

"A doença tem muito pouco a ver com o que achamos que ela é", repliquei. "Em minha experiência e compreensão, as doenças – até mesmo a aids – se desenvolvem por uma fraqueza do sistema mente/corpo/espírito."

"O que disse?", perguntou Edward, inclinando-se ansiosamente para a frente.

Continuei explicando: "É o grau em que sentimos emoções dolorosas e falta de auto-estima que, freqüentemente, determina qual enfermidade vai surgir em nossos corpos".

Edward pareceu aturdido.

"A doença é apenas um sistema de *feedback*", repliquei. "Em minha opinião, o vírus da aids é um reflexo de nossos padrões negativos de pensamento, que podem ser identificados e mudados. Então o corpo tem capacidade de curar-se a si mesmo."

"Gostaria de poder acreditar nisso", disse Edward.

"Depende de você. Não precisa acreditar em tudo o que os médicos dizem se não quiser. Tanto quanto possível, concentre-se em seu corpo como se ele já estivesse curado e escolha acreditar nessa imagem em vez daquilo que os médicos lhe disseram."

Edward ficou silencioso depois disso. Então, durante o *workshop*, enquanto praticava a visualização de cura da doença, lembrou uma cena da infância em que se sentiu humilhado.

"Meu pai era alcoólatra e me disse que eu não servia pra nada. Seu comportamento era realmente destrutivo comigo e com minha mãe. Eu queria odiar meu pai ou chamá-lo de estúpido, mas em vez disso odiava a mim mesmo por ser incapaz e impotente para detê-lo."

Edward descobriu as decisões subconscientes que tinha feito: "Sou indigno e impotente. Não mereço existir e devo morrer".

"Percebi que essas decisões subconscientes estavam sabotando minha saúde", continuou. "Agora posso ver que meu pai não podia julgar se eu era digno ou não. Sei que, se quero me curar, tenho de perdoá-lo e a mim."

Ele mudou de vítima de velhas atitudes tóxicas para um tomador de novas decisões curativas: "Estou bem como sou e quanto mais me permito saber disso e amar a mim mesmo do jeito que sou, mais sinto que mereço viver em boa saúde".

Edward concordou em continuar praticando diariamente a cura de suas feridas emocionais, identificar todas as atitudes tóxicas que tinham causado o colapso do seu sistema imunológico e tentar mudar esses pensamentos em decisões curativas. Além disso, concordou em praticar o exercício da reação orgasmo-hipotalâmica diariamente para fortalecer seu sistema imune.

Dois anos e meio depois, recebi um e-mail de Edward: "Minha saúde está ótima, minhas células T estão quase acima do normal e minhas células brancas do sangue já estão acima. Você precisa me ver; não me reconheceria". Poucos meses depois, Edward ligou para me dizer que suas células T estavam acima do normal.

Em fevereiro de 2003, Edward contou-me sua jornada de volta à saúde: "Quando os sintomas apareciam, no começo, eu voltava aos velhos padrões de pensamento e dizia a mim mesmo: *Oh, aí está a doença outra vez; eu estava apenas brincando comigo mesmo*. Meu processo de cura me levou às mais profundas camadas de minhas crenças sobre duvidar de mim mesmo, que precisei mudar de marcha para maiores certezas".

"De tempos em tempos, apareciam condições que atacavam meu sistema imune enfraquecido, como o herpes. Primeiro, eu pensaria o que meus médicos pensavam: que ainda estava doente e que o que estava fazendo não estava funcionando. Começava a duvidar de que pudesse curar a mim mesmo. Então, quando trabalhava para curar decisões tóxicas profundamente enraizadas, os sintomas melhoraram rapidamente. Meus médicos sabiam que demorava cerca de cinco semanas para curar o herpes. Ficaram surpresos quando o curei em quatro dias. Sabiam que eu não seguira suas prescrições. Então ficaram curiosos para descobrir o que eu estava fazendo."

"Qual foi a reação deles?", perguntei a Edward.

"Primeiro tentaram não levar em conta meus processos. Mas alguns estavam intrigados em como eu tinha sido capaz de alterar meu sangue. Minhas células T estavam ainda acima do normal. O médico me disse que eu tinha o sangue de um jovem de 25 anos e eu tenho 38."

O programa completo para reverter a doença

Nesta parte, você explorará o programa completo que me permitiu reverter o próprio câncer e ajudou meus pacientes e alunos de toda parte a curar ou prevenir doenças.

Além da rotina diária de cura, existem exercícios para aliviar a dor, diminuir tumores, fortalecer o sistema imunológico e curar a doença. Existem exercícios para melhorar sua capacidade de visualizar, aquietar a mente e liberar o cansaço. Você encontrará exercícios para curar atitudes doentias e dor emocional, bem como para mudar dúvidas na certeza de que pode ser curado. E exercícios para ensinar como usar energia espiritual para intensificar sua cura. Finalmente, encontrará exercícios para ajudá-lo a seguir sua felicidade, descobrir sua paixão, fazer escolhas melhores e manifestar a vida saudável e feliz que nasceu para viver.

Também está incluído o exercício de autocura que Jack Canfield, co-criador da *série Histórias para aquecer o coração*, chamou "A cura de 5 minutos".

O primeiro passo do programa para reverter ou prevenir a doença é tomar a decisão de ficar bem. Até que essa decisão seja tomada, o corpo permanece no estado de contínuo desarranjo. Uma vez que essa decisão é tomada, uma nova mensagem saudável é enviada ao cérebro, preenchendo o corpo de esperança e alegria, que então libera químicas e hormônios curativos.

Para reconquistar a saúde, é essencial tomar a decisão de irradiar saúde. É importante persuadir a mente a adotar percepções saudáveis de cura que produzam imagens de bem-estar no cérebro, que então as "imprime" no corpo como saúde. Enquanto prossegue através desse programa, lhe será cuidadosamente mostrado como criar imagens de saúde para que, em vez de verse doente de câncer ou outra doença, você se veja bem.

Olhará dentro das decisões que não lhe tem servido e tomará novas decisões que possam criar saúde. Por exemplo, você não tem de acreditar no que os outros lhe tem dito se não quiser. É escolha sua. Você tem poder dentro de si para decidir quais atitudes, crenças, pensamentos, percepções e imagens deseja alimentar e permitir crescer. Não tem de acreditar que tem uma doença, se não quiser.

Pergunte a si mesmo: "Você quer acreditar em dor e doença?" e espere por uma resposta honesta. Se ela for "não", então diga a si mesmo, "Não tenho de acreditar em nada que não queira". Você pode ouvir a resposta de sua mente, "Mas, estou enganando a mim mesmo; os médicos dizem que estou morrendo de câncer". Você quer acreditar que está morrendo de câncer, sabendo que essa atitude sozinha pode matá-lo? Se a resposta for "não", continue repetindo: "Não tenho que acreditar se não quero". Continue fazendo isso até que escute e sinta um alívio interior.

Agora você deve estar se perguntando: "Você quer dizer que não tenho de acreditar nos médicos?".

Você quer acreditar? Se sua resposta interior é: "Não, não quero, mas não tenho escolha. Tenho de acreditar no que eles dizem", considere isso: suponha que os médicos estejam errados. Existe uma chance de que não saibam. Médicos têm errado antes. São seres humanos, falíveis como qualquer um; nem mais nem menos. Você pode escutar uma resposta: "Suponha que eles possam estar errados, embora seja improvável. Os raios X e a biopsia mostram um câncer".

Agora quero que preste total atenção no que vou dizer. *Se o câncer é apenas um mecanismo de resposta dizendo a você o que seus pensamentos lhe têm causado, tudo que tem a fazer é mudar os pensamentos doentios que causaram a doença em pensamentos saudáveis – e o câncer desaparecerá!*

O corpo é neutro. Não pode ser induzido a refletir outra coisa em vez do que acredita internamente. Seu corpo não se preocupa. Ele é como um computador. Coloque pensamentos diferentes no computador orgânico. Tome a decisão de acreditar neles, livre de qualquer sombra de dúvida. Fique certo em suas novas decisões. Convença sua mente a acreditar em seus novos pensamentos. E não permita que nenhuma dúvida interfira – sua ou de outros –, inclusive de seus médicos.

Um paciente me disse uma vez: "Quando leio artigos ou assisto a *shows* de televisão que falam sobre estatísticas e mostram convincentemente que não existe cura para o câncer, me sinto terrivelmente doente, amedrontado e desanimado. A dúvida e as opiniões das pessoas que pensamento positivo é tudo besteira subitamente se tornam minha realidade".

O que você pode fazer para proteger-se de ser influenciado pela negatividade? Dê-se permissão para parar de ler artigos que o aborrecem e parar de assistir a *shows* de televisão ou filmes que o façam duvidar de si mesmo. Ninguém tem total conhecimento de tudo. Ninguém pode ser tão arrogante para insistir que tem todas as respostas. Algumas respostas, sim; mas existe muito mais que ainda não foi descoberto.

É importante compreender que existe muito conhecimento que podemos explorar antes que seja cientificamente provado e largamente aceito. Antes de Cristóvão Colombo descobrir a América, era amplamente aceito que a Terra era plana. A descoberta de Colombo não tornou o mundo redondo, apenas expandiu a percepção das pessoas para que pudessem aceitar a verdade que já estava lá.

Como mencionei na Parte I, as últimas pesquisas em PNI indicam que são nossas atitudes negativas ou tóxicas que nos tornam doentes e finalmente nos matam. O efeito das atitudes fortemente sarcásticas, céticas e negativas no corpo é a doença. Se essas atitudes destrutivas não são mudadas, o desconforto cresce e a enfermidade piora.

As boas notícias são que atitudes são fáceis de mudar. Podem ser alteradas pela simples decisão de abrir-se a experimentar novas maneiras de pensar. O que você tem a perder? Deixe que as atitudes negativas dentro de você morram junto com a doença e ficará vivo. Deixe seu corpo recuperar a saúde e deixe sua vida ser entesourada como uma dádiva preciosa para que possa viver com alegria.

Nesse programa, você aprenderá a nutrir atitudes que apóiam somente o mais elevado em você – sua bondade, merecimento e saúde. A experiência tem mostrado que a atitude sozinha pode curar. Portanto, para facilitar a cura, lhe será mostrado como manter somente atitudes saudáveis e curativas sobre si mesmo e seu corpo.

E você olhará profundamente para as atitudes negativas longamente mantidas que têm causado o colapso de sua saúde em primeiro lugar. Finalmente aprenderá como mudá-las facilmente.

Começaremos com um exercício para ajudá-lo a tomar a decisão de ficar bem. Meus alunos obtiveram grandes benefícios desse exercício. Uma de minhas alunas, Marlene, professora de

Educação Física de New Brunswick, Nova Jersey, que estava lutando com uma doença terminal, contou:

> "Sinto-me muito grata por esse exercício, que não somente me ajudou a tomar decisões novas de cura em vez de desistir e morrer, mas também a mudar minha vida. Sempre fiz piada dessa coisa como loucura até que a experimentei, pensando que não tinha nada a perder, então lhe dei uma chance. Bem, estou surpresa em como foi fácil e maravilhoso tomar novas decisões. Antes, eu não me sentia uma boa pessoa. Sentia-me miserável, mas não queria que ninguém soubesse. Era muito orgulhosa para admitir, mas é tão bom não estar mais escravizada a essa maneira de pensar! Estou livre e minha doença se foi para sempre. Agora sei que existe sorte na desgraça".

Exercício para tomar a decisão de ficar bem

Para tomar a decisão de ficar bem, siga os quatro passos a seguir:

1. Pense em uma atitude que o faça se sentir infeliz. Por exemplo, uma atitude que poderia fazê-lo infeliz, que eu descobri que cria doença é: "Não sou um digno de amor". Esta é questão comum àqueles que estão lutando contra o câncer.

2. Agora tome a nova decisão de amar e apoiar a si mesmo. Então pratique dizendo: "Sou digno de amor como sou. Estou bem. Estou bem da maneira que sou e decido escolher amar a todos os meus aspectos, minhas forças e fraquezas. Tomo a decisão de viver; mereço ter uma vida".

Uma razão pela qual não amamos a nós mesmos é que compramos as crenças dos outros a nosso respeito. Lembro-me quando criança de decidir que deveria acreditar nos pensamentos e críticas dos outros a meu respeito. Mesmo sabendo, intimamente, que não era verdade, estava temerosa de que se não agisse e mostrasse que acreditava no que diziam, eles não me amariam. Mais tarde, continuei acreditando em mentiras e meu conflito interior era: "Se sou bem-sucedida, outros sofrerão a dor da inveja e descobrirão maneiras de me atacar e ferir. Tenho que comprar suas crenças mesmo que sejam contra mim". *Então agia contra mim mesma para ser amada. Quando você age contra si mesmo, a doença aparece como expressão física dos seus pensamentos destrutivos.*

O corpo é um sistema de resposta. Ele nos dá alertas: "Existem pensamentos que você está mantendo. Eles o estão matando. Pare de agir contra si mesmo".

3. Pense em uma decisão que tenha tomado que criou conflito dentro de você. Exagere-a, explore-a tão completamente quanto possa; imagine que ela está engolfando seu corpo inteiro, a sala toda em que você está. Agora a ame; inunde-a com amor. Imagine que o amor é do tamanho do mundo. Agora renda-se ao poder mais alto, a Deus, ao Universo, à mãe Terra, ao oceano ou às árvores como se fosse um fertilizante, como o puro amor que alimenta e nutre a tudo.
4. Tome uma nova decisão que você está bem, se sentindo amado e digno de amor. Aqui estão algumas atitudes que você pode adotar. Repita-as sinceramente enquanto visualiza sua vida cheia de bênçãos.
   - Quanto mais acredito que possa ficar bem e me curar, mais me curo.
   - Quanto mais me permito me amar, mais amor sinto. Quanto mais amor sinto, mais amo aos outros. Quanto mais amo aos outros, mais os outros amam a eles mesmos. Quanto mais os outros amam a eles mesmos, mais eles me amam.

- Quanto mais decisões tomo para desfrutar cada minuto de minha vida, mais divertida se torna minha vida e mais saudável me torno.
- Quanto mais sinceramente pratico essas novas decisões, mais melhora minha saúde.
- Minhas novas decisões são mais fortes que as velhas decisões tóxicas.

Quanto mais me concentro em minhas novas decisões, mais forte elas crescem.

Daqui a um ano estarei celebrando a vida, irradiando saúde com pessoas maravilhosas, desfrutando do trabalho que realiza meus sonhos. Olho adiante para todas as aventuras excitantes da vida que virão ao meu caminho. Estou pronto a sentir esses sentimentos de celebração agora. Por que esperar? Quanto mais os sinto agora, mais rápido eles aparecem em minha vida.

Sem esforço, sinta esses novos pensamentos vibrando em cada célula de seu corpo. Sinta-os, toque-os, cheire-os, ouça-os, prove-os enquanto repete as novas decisões mais e mais internamente, vendo-se já curado, vivendo uma vida plena e desfrutável.

capítulo 5

PASSO 2: CURANDO A DOR EMOCIONAL

"Sofri de enxaquecas durante anos. Tentei de tudo, da medicina convencional a terapias alternativas e nada ajudou", disse Elza, uma brilhante mulher de negócios que construiu uma companhia de milhões de dólares do zero.

Em um seminário em São Francisco, ela partilhou sua história sobre ter sido constantemente criticada desde a infância por sua mãe. "A mensagem que recebi todos os dias até deixar minha casa aos 16 anos foi: 'Qual é o problema com você? Quando vai crescer? Você é estúpida, feia e uma idiota que não serve para nada. Nunca vai fazer nada na vida'".

Durante o exercício para curar a dor emocional, Elza teve um diálogo interior com sua mãe e começou a expressar as emoções que tinham sido longamente mantidas dentro dela. Começou a liberar a raiva que sentia da mãe quando reconheceu que isso estava envenenando seu corpo. Tomou uma nova decisão curativa, "Sou digna de amor e boa o bastante como sou".

Depois de praticar esse exercício várias vezes, um dia Elza relatou que foi a primeira vez em anos que levantou de manhã sem dor.

Como Elza ainda não estava pronta para perdoar a mãe, sugeri que continuasse a praticar os exercícios em casa. Um ano depois, ela relatou que foi capaz de liberar os sentimentos tóxicos de raiva e ódio, transmutando-os em perdão e amor. "Primeiro perdoei a mim mesma por entregar meu poder e bloquear minha alegria por acreditar nas rudes palavras de minha mãe. Então perdoei minha mãe por não saber como tinha me ferido."

As enxaquecas de Elza diminuíram, mas voltavam tão logo se sentia estressada e cessavam quando praticava os exercícios de cura. Ela pensou que tinha perdoado completamente a mãe, mas descobriu que não queria ter nenhum contato com ela. "Tão logo falei com minha mãe ao telefone, comecei a me sentir miserável outra vez."

Sugeri que tomasse um tempo livre de sua agenda apertada para desacelerar e aquietar-se, simplificar a vida e fazer da prática dos exercícios de cura uma prioridade até que as enxaquecas desaparecessem completamente e ela se sentisse forte e centrada em seu poder.

Mais tarde, Elza me contou que suas enxaquecas tinham desaparecido completamente. "Tomar um tempo livre para ficar quieta e praticar o exercício de cura da doença emocional bem como continuar com a rotina diária de cura três vezes ao dia fez a diferença", relatou. "Tenho ouvido seus teipes de exercício diariamente, que tornaram mais fácil para eu relaxar e seguir as instruções sem esforço."

Não somente Elza reverteu suas dolorosas enxaquecas como passou a desfrutar a vida. Uma nova criatividade emergiu e ela começou a pintar, o que lhe deu grande alegria.

Dor emocional é um dos maiores bloqueios à saúde. Pesquisa extensiva sobre mente/corpo mostrou que emoções não-resolvidas são a base das doenças. Então o segundo passo é liberar a dor emocional que não só faz você se sentir mal, mas mantém as atitudes tóxicas que estão causando sua doença. Quando sente e libera toda a energia no corpo que o faz se sentir mal, grandes curas acontecem. No processo, as decisões e atitudes que causaram a dor emocional são identificadas e podem então ser mudadas.

Em minha experiência trabalhando com pessoas com câncer e outras doenças, percebi que existe uma personalidade propensa à doença. E que pessoas com essa personalidade têm uma coisa em comum – não se sentem profundamente amadas ou dignas de amor, o que lhes causa sentimentos de insegurança. Ansiedade, medo e autocondenação são as emoções experimentadas em vez dos sentimentos seguros de amor. Medo e ansiedade estimulam a reação de luta ou fuga, liberando químicas que sobrecarregam o sistema imunológico, debilitando sua capacidade de funcionar efetivamente e resultando em doença.

Sentimentos de auto-aversão ou falta de amor são geralmente aprendidos na infância dos pais, professores, família e amigos que não sabem como sentir ou expressar amor. Temos gerações de pais disfuncionais para compreender e curar.

Quando comecei a trabalhar como psicóloga e testemunhei a dor emocional dos meus pacientes devido à incapacidade de seus pais de amá-los, tornei-me agudamente consciente da minha própria dor emocional. Percebi que a dor que estava sentindo era porque meu pai nunca tinha dito que me amava. Estava vivendo em Nova Jersey nessa época e decidi visitar meus pais em Israel com a intenção de resolver essa questão.

Decidi ser corajosa e dizer a meu pai que o amava. Fiquei admirada em como isso era difícil de fazer.

Finalmente, reuni toda a minha coragem e disse: "Quero que saiba que amo você, papai".

Ele pareceu chocado e embaraçado. Tudo o que conseguiu dizer em troca foi um fraco gracejo: "Mas eu odeio você".

Senti a raiva brotar dentro de mim. Tive o desejo de mandá-lo para o inferno e ir embora. Ao contrário, fui sábia o bastante para compreender que ele não podia me ajudar nessa questão; estava tão confuso e não sabia como dizer o que sentia verdadeiramente. "Está tudo bem, você não tem que me amar; eu posso amá-lo mesmo assim", respondi, sorrindo. Sua face derreteu e ele me convidou a almoçar com ele. Foi a primeira vez que me convidou para sair.

Quando estava partindo de volta aos Estados Unidos, minha mãe cutucou-o e disse: "Diga a ela que você a ama".

Ele não conseguiu fazê-lo.

Quando estava andando em direção à porta, ouvi-o gritar: "Amo você".

Mais tarde, meu pai me explicou que ninguém nunca tinha dito a ele que o amava. Seus pais nunca o disseram e ele não sabia o que era o amor.

"O que é o amor?" ele me perguntou. Eu não sabia como lhe explicar então. E ele já morreu.

Se soubesse então o que sei agora, teria dito:

> "Amor é estar tão preocupado com você que jamais o feriria. Significa que sempre vou estar ali para apoiá-lo e entendê-lo tão completamente que você não se paralisaria, quando florescer para seu pleno potencial. Admiro os dons que você tem, as boas qualidades e a força que possui. Quando penso em você, sinto uma sensação de calor e alegria vibrando em meu coração. Sinto uma conexão, um íntimo conhecimento de quem você realmente é. Quero aliviá-lo, ajudá-lo a curar qualquer dor ou sofrimento que tenha acolhido em sua vida".

Quando estava me concentrando na imagem de meu pai, senti um calor em meu coração que não tinha sentido antes. Senti que uma parte do meu coração que ainda não estava completamente aberta para sentir o meu amor por ele, por causa de coisas dolorosas que ele disse e fez, finalmente se abriu. Quando me concentrei na dor que ele tinha suportado em sua vida, eu o vi liberar sua dor através de lágrimas de cura. Embora meu pai já tenha deixado esse corpo, senti como se ele fosse capaz de liberar esse bloqueio mediante minha compreensão amorosa. E o seu amor por si mesmo e o meu amor por mim cresceu.

Imagine que seus próprios pais estão à sua frente. Não tem importância se estão mortos ou vivos. Diga a seus pais as coisas amorosas que desejaria ter expressado e perceba como se sente por dentro. Também recomendo a prática de conversar com seus pais, família e amigos – face a face ou na sua imaginação tanto quanto possível – sobre o que é o amor, especialmente nas vezes em que se sente emocionalmente mal-humorado ou esgotado.

Imagens curativas de perdão não somente o fazem sentir-se bem, como também criam saúde. Quanto mais depressa seu coração se abre para sentir emoções de amor, compaixão e compreensão, mais rápido você se cura. O cérebro libera químicas e hormônios que reagem a essas imagens de amor e conduzem esta mensagem ao resto do corpo. Mensagens de calma, paz, alegria, amor, segurança, proteção, conforto e prazer são transmitidas através do sangue a cada célula. O sistema imunológico é fortalecido e mecanismos de cura natural assumem o comando, criando saúde.

Exercício para curar sua dor emocional

Para curar sua dor emocional, siga os 12 passos a seguir:

1. Sinta agora a emoção que está experimentando. Se medo, raiva, culpa, inveja, vergonha, censura, tristeza, luto, perda, depressão ou fracasso.

2. Feche os olhos e descreva as sensações que está percebendo ou sentindo. Fechar os olhos torna mais fácil voltar a atenção para dentro e sentir suas sensações completamente. Diga: "Agora estou sentindo ________" (complete o espaço em branco). Por exemplo: "Agora estou percebendo o aposento em que me encontro. Agora estou sentindo minhas mãos. Agora estou sentindo meus olhos fechados. Agora estou tendo sensações no peito. Agora estou tendo sensações no coração. Agora estou sentindo dor no coração. Agora estou sentindo rigidez no pescoço. Agora estou sentindo as pernas tremerem. Agora estou percebendo uma memória passando. Agora estou sentindo minha dor emocional".

3. Descreva a dor tão vividamente quanto possa. Por exemplo: "Sinto uma sensação queimante na espinha e uma pressão no abdômen, uma sensação de medo no corpo inteiro, uma dor aguda na coxa", ou seja, o que for que esteja sentindo.

4. Transporte-se para dentro da dor emocional e dê-lhe uma voz. Deixe-a expressar-se completamente como se houvesse uma pessoa dentro de você. Essa pessoa pode dizer: "Eu sinto ______________" (complete o espaço em branco). Por exemplo: "Estou desgostoso comigo. Tenho sido tratado injustamente, incompreendido, pisado, ridicularizado, oprimido, desrespeitado, não amado e negligenciado".

5a. Dialogue com essa pessoa dentro de você. Responda dizendo qualquer coisa que lhe venha à mente. Não se preocupe se faz sentido ou não. Por exemplo, você pode dizer: "Quem o faz sentir-se assim?". Resposta: "Você é que me faz sentir assim. Você acredita no que os outros pensam e dizem em vez de me amar e me confortar".

5b. Mantenha o diálogo. Você pode responder dizendo: "Diga-me tudo o que sente. Estou aqui para ouvi-lo e ajudá-lo, para confortá-lo e amá-lo". Uma resposta pode ser: "Me sinto sem esperança, paralisado, raivoso e frustrado".

6. Responda sentindo completamente a raiva (ou qualquer emoção que esteja sentindo). Expresse-a. Pegue um travesseiro e bata nele, fingindo que representa as pessoas de quem tem raiva. Dê a si mesmo tempo para experimentar a energia da raiva tão completamente quanto possível. Algumas vezes leva uma ou várias horas para permitir que a energia flua.

7. Agora transporte-se para os sentimentos subjacentes à raiva: a mágoa e a impotência. Respire e relaxe dentro da sensação de impotência. Permita-se chorar tanto quanto precise. Fique ao lado da sensação, possua-a, abrace-a. Permita-se sentir a dor tão completamente quanto possível. Inspire e expire a dor emocional como se a estivesse massageando, criando um espaço no seu centro.

8. Agora imagine a primeira vez em que sentiu essa dor. O que aconteceu então? Recrie a cena como se estivesse acontecendo agora. Por exemplo, você pode ter sentido a dor da depressão pela primeira vez quando era uma criancinha e alguém o criticou ou gritou com você, ou quando seus pais começaram a discutir e a brigar na sua frente.

9a. Dialogue com seus pais como se estivessem na sua frente aqui e agora. Coloque duas cadeiras diante de você e imagine-os sentados ali ouvindo atentamente. Volte a ser criança e diga-lhes tudo o que está sentindo. Por exemplo: "Quando vocês discutem, fico com medo de ter feito algo errado, que seja minha culpa que estejam ferindo um ao outro e que eu venha a ser abandonado. Sinto que vocês não me amam e que não sou digno de amor". Continue dizendo-lhes tudo o que está sentindo.

9b. Agora, tome o lugar de seus pais e responda. Por exemplo, eles podem lhe dizer em sua ignorância: "Cale a boca! Crianças devem ser vistas, não ouvidas", ou alguma coisa igualmente rude.

9c. Responda e diga qualquer coisa que os choque o suficiente para lhes dizer a verdade real.

9d. Novamente, tome o lugar de seus pais e responda em um nível mais profundo. Por exemplo, eles podem então dizer algo como: "Somos muito orgulhosos para admitir que somos uns tiranos horríveis, que somos covardes, que implicávamos com você porque era mais fraco que nós, que pensamos tão pouco em nós mesmos, que temos tanto medo da vida e de ter que enfrentar a dificuldade da sobrevivência. Não é nossa culpa; é nossa estupidez. Estamos verdadeiramente sentidos por lhe ter ferido. Não sabíamos como lhe dar o amor que você merece e o cuidado que nós desejaríamos ter sabido partilhar. Por favor, perdoe-nos. Amamos muito você podendo ou não demonstrá-lo, saiba você ou não; somos apenas ignorantes".

9e. Imagine-os tomando você nos braços e abraçando-o enquanto todos choram juntos.

9f. Imagine como eles se sentiram feridos em sua própria infância e como tinham medo de seus próprios pais. Seus pais acreditavam no que a sociedade acreditava, então "poupar a vara estraga a criança" era a maneira correta de educar. Imagine-os sendo mais machucados do que você foi e não sabendo como reagir.

9g. Diga-lhes do que necessita deles para curar e perdoar. Por exemplo: "Preciso que me digam que me amam, que estão felizes por eu ser seu filho. Digam-me como sou maravilhoso, especial e importante. Digam-me quais são minhas forças e que sempre me protegerão e estarão aqui para mim".

9h. Respire profundamente e abra seu coração para receber o amor deles. Lembre-se: o cérebro não se preocupa que as imagens sejam reais ou imaginárias. Libera químicas e hormônios de acordo com as imagens que você visualiza.

9i. Crie imagens curativas de partilhar um amor profundo e significativo com eles. Imagine seus pais lhe dizendo tudo que ansiava ouvir quando criança. Saiba que, se soubessem como dizê-lo, teriam adorado tê-lo feito. Eles querem que você seja feliz, ajustado, produtivo, saudável e um membro bem-sucedido da sociedade.

10. Você pode agora ser o pai perfeito de si mesmo. Pegue outro travesseiro e o abrace, imagine que ele é você quando jovem. Diga à criancinha tudo o que gostaria que ele ou ela escutasse. "Amo você. Serei leal com você de agora em diante. Não abandonarei você por acreditar no que os outros dizem a seu respeito. Eu o protegerei com meu amor." Continue dizendo tudo o que seu coração lhe peça, para fazer a criança sentir-se amada, protegida e plena.

11. Seja uma criancinha e sinta todo esse amor fluindo por seu pequeno corpo. Tome novas decisões para curar a dor emocional que tem se acumulado ao longo dos anos. "Agora decido saber que sou digno de amor, bom, admirado, respeitado e reconhecido. Quanto mais eu me aprovo, mais os outros me amam e me aprovam, e isso cresce. Eu posso fazê-lo; eu posso me sentir bom; eu mereço." Continue abraçando a criancinha que é você até que se sinta tão bem que queira levantar-se e sair para brincar. Visualize-se rindo alegremente.

12. Agora abra os olhos e descreva as sensações que está tendo. Diga: "Eu agora estou sentindo ________________" (preencha o espaço em branco). Faça isso até que esteja totalmente presente e se sentindo bem. Por exemplo: "Agora estou sentindo meu peito se abrir e se libertar. Agora estou sentindo minha face sorrir. Agora me sinto bom por dentro". E assim por diante.

Como a dor emocional é um dos maiores bloqueios na criação da saúde, recomendo que pratique este exercício todo os dias, depois dia sim dia não, até que se sinta aliviado. Então o faça uma vez por semana e, finalmente, uma vez por mês até que a dor emocional seja completamente curada.

Exercício rápido de cura emocional

Geralmente a dor emocional é armazenada no coração, que é o lugar em que sentimos nossas mágoas e onde tendemos a ser muito rudes conosco.

Para ajudar a dissolver bloqueios emocionais, execute os seguintes passos:

1. Imagine, onde quer que você se lembre, que seu coração é como o Sol, irradiando amor e calor por todo o seu corpo e para todos e tudo em todas as direções.

2. Enquanto está desfrutando desses raios de luz, diga: "Eu amo você" e "Fique curado".

3. Inspire e expire essa luz em seu coração o dia todo e a noite toda, onde quer que lhe ocorra fazê-lo. Logo isso se tornará uma segunda natureza.

capítulo 6

PASSO 3: CURANDO ATITUDES TÓXICAS

Alice temia a recorrência do câncer de mama depois da cirurgia e da quimioterapia. Quando assistiu a um *workshop*, resistiu em acreditar em seu próprio poder de curar a si mesma e ficar bem. Quando mencionei que era nossa escolha parar de sofrer e sentir-se bem, sua resposta imediata foi: "Acho difícil de acreditar".

"Se essa é sua atitude, é isso que lhe acontecerá", eu disse. "Continuará a achar difícil de acreditar que pode se sentir bem disposta."

Um ano depois, Alice relatou sentir-se bem até que algumas das mulheres do grupo de apoio de câncer que estavam freqüentando morreram depois que seu câncer se espalhou. Suas mortes desencadearam seus medos de uma recorrência.

Depois de um *workshop* de reciclagem, Alice praticou o Exercício para Curar Atitudes Tóxicas e escolher diariamente novas decisões curativas. Ela relatou: "Esse exercício me fortaleceu de maneiras surpreendentes. Quando minha professora de ioga teve uma recorrência de câncer de mama, ela me disse: 'Você também terá uma – é só uma questão de tempo'. Respondi na mesma hora: 'Se você não pode me ver saudável e livre para sempre do câncer, então estou indo para longe de você'. Eu nunca teria sido capaz de ficar de pé por mim mesma dessa maneira antes. Seu exercício não apenas me ajudou a prevenir uma recorrência, como me ajudou a desenvolver a força interior de não me deixar invadir pelas crenças tóxicas dos outros".

O Passo 3 envolve curar as atitudes tóxicas que causam a doença. É importante saber que cada decisão que se toma tem um valor quantificado de saúde. Quando entender o valor de saúde de suas decisões, poderá fazer mudanças curativas. Vamos começar medindo o valor de suas atitudes para a saúde.

Medindo o valor de uma atitude para a saúde

Raramente pensamos nas atitudes sobre as quais construímos nossas vidas como tendo um valor de saúde. Contudo, não conhecer o efeito de nossas atitudes sobre nossa saúde pode nos matar. O dr. Robert Maultsby, da Howard University, desenvolveu uma escala que mede o valor de uma atitude ou crença para a saúde.

Descobri que essa escala é muito útil. O dr. Carl Simonton foi o primeiro a chamar minha atenção para ela há mais de dez anos. A escala é baseada em cinco perguntas:

1. Essa crença faz-me sentir da maneira que eu desejaria?
2. Ela me ajuda a proteger minha saúde e minha vida?
3. Ela me ajuda a alcançar meus objetivos de curto e longo prazo?
4. Ela me ajuda a resolver meu conflito mais indesejável?
5. Ela está baseada em fatos?

Teste cada uma de suas atitudes com essa escala. Se a resposta de duas ou três das cinco questões for não, então não é uma atitude saudável. Se continuar acreditando nela acabará afetando sua saúde.

Uma pergunta que freqüentemente me faço é: "Como desenvolver a confiança e a fé na minha capacidade de curar a mim mesma?". Confiança é uma atitude, um descanso da mente na certeza de que pode curar seu corpo. A fé também é uma atitude.

É um nível profundo de confiança, um profundo repouso para a mente por sentir absoluta confiança de que seu corpo está sendo curado. É sua escolha em quais atitudes deseja colocar sua confiança. Compete a você escolher atitudes saudáveis que nutrem e aumentam sua confiança e fé na capacidade do corpo de criar saúde radiante.

Descobrindo as atitudes tóxicas que causaram a doença

Por muitos anos, assisti a centenas de pacientes do meu Centro de Manejo de Biofeedback, Psicologia e Estresse em Nova Jersey. Minha especialidade era aliviar desordens psicossomáticas como hipertensão, úlceras, reumatismo, artrite, dor nas costas e todas as formas de dor física, mãos e pés frios, insônia, dor de cabeça, enxaquecas, fobias, ansiedade, depressão e outros desconfortos e doenças da mente/corpo.

Tendo assistido regularmente a conferências e seminários sobre biofeedback, tornou-se claro para mim que a mente afeta o corpo. Numerosos estudos indicaram a capacidade da mente em reverter desordens fisiológicas. Compreendi, como mencionei anteriormente, que existe uma resposta fisiológica em cada célula do corpo a cada pensamento que temos.

Quando coloquei sensores de GSR (resposta galvânica da pele), um instrumento de aferir o biofeedback, nas pontas dos dedos de um paciente, ambos fomos capazes de perceber as mudanças fisiológicas ocorrendo quando escutávamos mudanças nos tons do *feedback*.

Por exemplo: quando uma cliente começava a conversar sobre seu relacionamento com a mãe, o grau do tom aumentaria rapidamente, indicando uma elevação do nível de estresse no seu corpo. Quando eu introduzia cenas agradáveis, como uma praia bonita para ela se concentrar, o tom diminuiria até um tom calmo. Percebemos que tão logo ela pensava na mãe, o nível de estresse se elevava. Então usei diálogos Gestalt para clarificar como suas atitudes sobre a mãe afetavam seu corpo. Ela foi capaz de identificar as decisões tóxicas que tinha tomado e mudá-las para que pudesse trazer esse relacionamento a uma interação saudável.

Tomando novas decisões curativas

Mudar decisões ocultas de auto-sabotagem tem sido uma profunda ferramenta em mostrar-me como reverter a doença. Quando identificamos e transformamos decisões tóxicas em curativas, mudanças positivas acontecem. Quando as velhas atitudes destrutivas passam a percepções construtivas, as doenças do corpo diminuem e desaparecem. Sentimentos de bem-estar e visão de vida otimista são reavivadas.

É importante descobrir a decisão tóxica que causou seu câncer ou outra doença, para que possa curá-la. Até que faça isso, a doença pode voltar – algumas vezes em lugar diferente.

Por exemplo, como partilhei com vocês na Parte I, depois de ter minha mama esquerda removida, o câncer voltou mais duas vezes – em lugares diferentes na minha outra mama –, até que achei a pista para o cerne da decisão tóxica que mantinha o câncer recorrendo. Nem cirurgia nem quimioterapia puderam detê-lo. O câncer continuava voltando até que curei a decisão tóxica que tinha feito quando era uma criancinha.

Quando estava enfrentando o câncer, descobri que o seguinte exercício era parte importante do processo de cura quando essas mudanças internas podem ocorrer.

Exercício para curar atitudes tóxicas e escolher novas decisões curativas

É bom fazer este exercício quando se está emocionalmente aborrecido, geralmente à noite, quando as emoções mais profundas são sentidas.

Para curar atitudes doentias e tomar novas decisões curativas, dê os seguintes passos:

1. Primeiro identifique as decisões enraizadas que o fizeram adoecer. Uma das melhores maneiras de fazê-lo é sondar dentro de qualquer dor que sente. Experimente essa dor tão completamente quanto possível; exagere-a, torne-a pior para identificar a decisão central.

2. Respire dentro das profundezas da dor emocional ou física e desenvolva um diálogo interno. Por exemplo, você pode dirigir-se ao seu coração dizendo: "Diga-me o que você está sentindo. Quero realmente saber. Estou te ouvindo". Então esperem que seu coração responda. Você pode não ouvir nada no princípio. Pergunte de novo mais sinceramente. Abra-se para conectar-se com as sensações do seu coração. Geralmente mágoas passadas, de quando fomos criticados, diminuídos, feridos, humilhados, abandonados ou rejeitados ficam armazenadas no coração. Escute com mente aberta e disposição para não julgar ou ridicularizar a si mesmo. Cenas do passado atravessarão sua mente.

3. Abra essas cenas, imagine-se vivendo aqueles eventos agora. Por exemplo, imagine a época de sua vida em que experimentou a maior dor, quando seus pais, professores ou amigos eram importantes para você. Agora volte a essa idade neste momento e imagine que eles estão à sua frente.

4. Diga-lhes toda a verdade. Sabe que está seguro agora e não há problema algum em lhes expor tudo. Você pode ter 5 anos de idade, mas possui a sabedoria de uma pessoa madura.

Um diálogo poderia ser como o seguinte:

"Eu sinto____________." Sempre comece como verdadeiramente se sente. "Eu me sinto tão pequeno quando você fica me gozando. Sinto que você não se preocupa comigo e quer me ferir. Tudo com que se preocupa é com você mesmo. Tenta impressionar seus amigos me diminuindo. Sinto-me ferido, sozinho, abandonado, sem méritos, indigno de amor, feio." Permita-se mesmo dizer qualquer coisa que sinta durante o exercício. Pode começar a chorar enquanto as palavras revelam tudo, mas permita ao que quer que aconteça acontecer. Você pode sentir-se raivoso. Pegue um travesseiro e soque-o com os punhos, expressando sua raiva em voz alta. Ponha tudo para fora tão completamente quanto possível. Use quanto tempo precisar. Algumas pessoas são capazes de sentir uma liberação em poucos minutos; para outras pode levar algumas horas.

5. Em seguida, imagine esta pessoa ou pessoas que você culpa respondendo com honestidade. Elas podem dizer alguma coisa como: "Eu era estúpido, não sabia o que estava fazendo, não tinha idéia de que o estava ferindo. A troça que eu fazia de você era somente o reflexo de como estava me sentindo a meu próprio respeito. Eu me odiava sentindo que não era bom o bastante e atirando esse estresse em você. Estou verdadeiramente sentido pelas coisas horríveis que lhe disse e fiz. Não o culparia se nunca me perdoasse, embora eu esteja pedindo seu perdão. Não quero que você sofra; quero que esteja alegre, que seja bem-sucedido" e assim por diante. Diga o que quer que sua imaginação o leve a dizer.

Com freqüência, pacientes me dizem: "Meus pais nunca pediriam desculpas dessa forma, eram orgulhosos demais". Minha resposta é: "Eles adorariam ser capazes de expressar a verdade se somente soubessem como isso poderia ser liberador para eles e para você; apenas não têm consciência disso".

6. Continue com o diálogo por tanto tempo quanto necessário para liberar tudo o que tem guardado dentro de si. Você pode desejar escrever tudo em um diário ou gravar uma fita cassete. Faça esse processo com as muitas emoções que você pode estar experimentando em sua vida, sejam elas culpa, inveja, ressentimento, raiva, frustração, irritação, ódio, vergonha, censura, tristeza, medo ou qualquer outra emoção.

7. Agora identifique a decisão que tomou a seu respeito por causa dos incidentes do seu diálogo imaginário. Por exemplo: "Devo fazer troça de mim mesmo e me tratar com desrespeito se os outros me tratam dessa maneira". Ou: "Tenho que me sentir mal quando os outros se comportam de maneira que me ferem". Ou: "Existe alguma coisa errada comigo. Sou imperfeito, indigno de ser levado em conta".

8. Agora, identifique a decisão que tomou sobre a vida. Por exemplo: "A vida é difícil, é uma luta para sobreviver. Nunca vou valer grande coisa". Ou: "Você tem que sentir dor na vida".

9. Agora, identifique a decisão que tomou sobre as outras pessoas. Por exemplo: "Os outros são mais importantes que eu – são mais sábios, mais fortes, mais ricos e sabem mais e melhor que eu". Ou: "As pessoas são o problema, devo ficar sozinho para sobreviver".

10. Faça uma lista das decisões tóxicas em seu diário.

11. Agora, continue o diálogo com as cenas que está trabalhando e lhes diga o que precisa delas para se curar. Você pode desejar pedir pelo que está precisando delas como uma criança ou em qualquer idade de sua vida.

Por exemplo: "O que preciso de você, papai, é que me diga o quanto me ama, o quanto se orgulha de mim e quanta alegria eu trouxe à sua vida. Que estará sempre aqui para mim, só para me apoiar, para ficar a meu lado, me guiar, proteger e me fazer sentir seguro e querido".

12. Agora se imagine tomando essa criança nos braços. Pegue um travesseiro e imagine que ele é você quando criança. Abrace-o e converse de coração aberto com a criança que você era. Seja o pai, a mãe, o professor, o irmão, a irmã, o amigo perfeito para a criança.

Pode dizer alguma coisa como: "Você é maravilhoso, é bom do jeito que é, está tudo bem com você. As pessoas estavam muito estressadas; não podiam ajudá-lo. Você pode alegrar-se, não importa o que as pessoas digam ou façam. Está no comando de seus pensamentos e sentimentos. Eu amo você, serei leal a você, não o ferirei, não o abandonarei, e assim por diante.

Sinta o amor como uma torrente entrando e saindo do seu coração. Diga coisas que o façam sentir esse amor. Pergunte à criança que você era ou ao seu coração se existe alguma coisa que anseie fazer. Explore a possibilidade de abrir seu coração mais profundamente. Grandes segredos são armazenados no coração. Você pode desejar dizer: "Hoje meu bem-amado, me abro a você para receber seu amor". O amor é a energia mais curativa que existe. Abra-se para este amor e aprofunde-se nele, mergulhe nele o mais completamente possível.

13. Gaste uma hora por dia colocando suas mãos no peito, conectando-se com a energia do amor. Você pode fazer disso a última coisa antes de dormir, quando acordar durante a noite ou a primeira coisa pela manhã. Imagine-se lavando seu coração com a água do seu amor ou do amor de Deus.

Para algumas pessoas, funciona melhor sentir o amor de Deus lavando o passado. Para outras, só repetir o nome de Deus limpa o coração e a alma cada vez que se lembram e repetem este nome. Elas relatam experimentar uma energia de santidade que vive no jardim da alma.

Se Deus é amor e amor é Deus, então ver o amor em toda a parte, em cada pessoa que encontrar, em cada lugar aonde vai, conecta você com a fonte do amor. Dessa maneira, você percebe que não existe diferença entre você, o amor, Deus ou os outros. Se o amor está dentro de você e você vive com esse amor o tempo todo, se torna a encarnação do amor. Quando invoca a luz do amor para sua cura, você se move para um novo caminho, uma nova maneira. Mentalmente, veja sua vida curada, seu corpo curado. Abra sua mente e seu coração tão amplamente quanto possa para sentir o amor fluindo através de você trazendo a cura.

14. Tome a decisão de curar.

15. Agora você está pronto para tomar novas decisões curativas e dar-lhes poder com seu amor. Pegue o papel no qual escreveu suas decisões e mude cada uma delas para o seu oposto. Por exemplo, se a decisão velha era: "Preciso me sentir miserável se as pessoas não me respeitam ou se eu não consigo o que quero da vida", uma decisão curativa poderia ser, "Quanto mais escolho respeitar a mim mesmo e me sentir bem por dentro, não importa o que aconteça fora, melhor me sinto. E quanto melhor me sinto, mais clareza tenho para agir em maneiras que me servem".

É importante que sua mente acredite na nova decisão. Se existe resistência, você pode dar pequenos passos. Por exemplo: "Sou digno de amor da maneira que sou" pode lhe parecer irreal. Você pode não estar sentindo isso ainda e sua mente subconscientemente rejeitará essa decisão. Você pode desejar começar com:

"Quanto mais me abro para amar a mim mesmo do jeito que sou, mais digno de amor me sinto. Quanto mais digno de amor me sinto mais digno de amor me torno. Quanto mais amo a mim mesmo, mais digno de amor eu sou. Quanto mais sinto e me concentro neste amor, mais ele cresce e mais saudável e alegre me torno".

16. Conecte-se com a vida da maneira que deseja sentir. Tome a decisão de ficar alegre por dentro. Quando conseguir sentir-se cheio de alegria e preenchido com um sentimento de satisfação por um dia inteiro perceberá mudanças físicas em seu corpo. Experimentará menos dor, mais amor e mais paz. Quando for capaz de sentir esses bons sentimentos por alguns dias seguidos, perceberá como seu corpo gradualmente recupera a saúde.

17. Tome uma decisão consciente de escolher ser seu verdadeiro *self* que é apaixonado e entusiasmado pela vida. Lembra quando tomou decisões importantes em sua vida, como ponderou mais e mais em sua mente sobre o valor de suas decisões? Saia um pouco de sua história, de seu passado e imagine que esse momento é sua nova história, a maneira como quer ser e sentir.

Lembre-se de que uma vez escolhido conscientemente, não existe necessidade de voltar atrás às velhas maneiras de pensar. Torne claro que a nova decisão é boa para você e o ajudará a recuperar a saúde, a força, a criatividade e a produtividade. Um subproduto natural será o sucesso em todas as circunstâncias de sua vida.

18. Concentre-se em como os mecanismos naturais de cura do corpo são ativados. Concentre-se na sabedoria do seu corpo que sabe como curar a si mesmo. Mantenha o corpo em um estado de calma, tranqüilidade e alegria

tanto quanto possível. Isso é importante porque os sentimentos de amor, confiança, alegria e paz são o *combustível* que fortalece o sistema imune.

Praticar suas novas decisões três vezes ao dia por 10 a 20 minutos após relaxamento profundo ou meditação produzirá os melhores resultados. Leva geralmente por volta de dois meses de prática regular e sincera para que a nova decisão penetre no subconsciente e cresça da semeadura a frutificação. Tão logo a nova decisão penetre o subconsciente, perceberá que começa a viver sua vida de acordo com suas novas escolhas. Enquanto pratica repetindo suas decisões em uma maneira nova, elas florescem. Seus novos pensamentos começam a afetar poderosamente sua vida na proporção direta de sua confiança neles.

19. Cultive fé e confiança nas decisões de sua escolha. Estimule-as, alimente-as com amor, bendiga-as e veja-as crescer enquanto rega as sementes. *Elas ouvem e absorvem a nutrição que você lhes dá com cada palavra que profere, com cada pensamento que pensa.* Elas florescem melhor com palavras nutritivas de amor, alegria, paz, harmonia e paixão pela vida.

20. Ame e bendiga a todos os seus órgãos internos. Aprenda a se apaixonar por eles. De acordo com o antigo ensinamento da tradição Taoísta, cada órgão armazena emoções diferentes. Seu coração armazena amor e respeito. Seus pulmões armazenam humor, riso e coragem. Seu fígado, compaixão e delicadeza. Seus rins. gentileza e sensibilidade. Seu estômago, baço e pâncreas, confiança, fé e esperança. E seus intestinos armazenam fé.

21. Se velhos padrões de pensamentos reaparecem, gentilmente neutralize-os como história passada, não mais

necessária. Faça evaporar esses sentimentos obsoletos; veja-os desaparecer. Veja-os como dados velhos que são agora deletados do computador de sua consciência. Use sua respiração para criar espaço entre esses pensamentos. Imagine que, enquanto respira, sua respiração penetra a área no corpo em que você sente que esses pensamentos dolorosos estão localizados.

Por exemplo, se você sente uma tensão no peito, imagine-se respirando dentro do seu peito, criando espaço, desfazendo a tensão nessa área e relaxando os músculos em volta. Imagine raios de luz penetrando a fonte desses padrões, transformando-os para a luz do amor. Recupere sua alegria – um direito de nascença – e substitua essas velhas decisões. Evite agitar-se ou se impacientar o máximo possível, porque é durante os momentos de calma e paz que as forças de suas novas decisões funcionam em seu máximo. Praticar suas novas decisões diariamente com motivação sincera faz toda diferença.

22. Aprenda a escutar os sinais que seu corpo lhe dá. Quando sente uma leve tensão, seu corpo está lhe dizendo "não". Você está permitindo que pensamentos errados passem através de você. Respire e relaxe enquanto transmuta e evapora esses pensamentos em amor. Gentilmente mude seu foco para pensamentos desejáveis, repetindo-os como sua escolha, mudando para sentir as sensações de sua intenção concentrada. Você pode querer repetir o seguinte:

"Deixo minha decisão de me sentir calmo, quieto, alegre, amado, digno de amor e amando transportar-se através de mim, em cada pensamento, em cada decisão e em cada momento. Vamos andar! Minha confiança em minha nova decisão é forte. Descanso minha mente na confiança em minha nova escolha. Sei que isso é bom para mim".

Ou pode escolher outra decisão que é mais apropriada à sua vida nesse momento. Escreva-a, memorize-a ou grave-a em fita cassete para que possa escutar sua própria voz orientando você. É valioso escutar as gravações quando pode seguir mais facilmente, sem a necessidade de pensar o que fazer em seguida; deixe a gravação guiá-lo enquanto as palavras fazem o trabalho para você.

23. Depois de relaxar profundamente, repita suas novas decisões mais e mais em sua mente, imaginando que já vive sua vida de acordo com elas. Veja como você se movimenta, como se sente tão vividamente quanto possível. Visualize o que diz aos outros, o que deseja que digam a você, como você vive sua vida alegremente, com calma e delicadeza consigo mesmo. Você pode querer escrever o *script* de sua nova vida antecipadamente para que se torne mais claro enquanto faz sua prática.

Incluí um apêndice de decisões curativas no final do livro para ajudá-lo a mudar suas atitudes tóxicas em decisões curativas.

capítulo 7

PASSO 4: PRATICANDO A ROTINA DIÁRIA DE CURA

Um colega me encaminhou um médico de Nova York com câncer de cólon uma semana antes de sua cirurgia para extrair o tumor. Ensinei ao médico um exercício antigo de autocura.

"Mas eu não acredito realmente nessa coisa", disse ele.

"Está tudo bem", repliquei. "Você não tem que acreditar. Funciona mesmo assim, contanto que pratique."

Mesmo que esse conselho pareça contradizer minhas crenças, através da minha experiência tenho percebido que a fé que o curador sente passa para o paciente e age beneficamente sobre ele.

"Mas estou indo para a cirurgia na semana que vem", ele continuou.

"Está tudo bem. Cada vez que você fizer esse exercício, imagine que quando o cirurgião abrir, o tumor se foi", eu disse.

"Isso é impossível!", ele riu, e então um momento depois disse: "Seria maravilhoso. Acho que não tenho nada a perder. Vou fazer isso!". Uma semana mais tarde ele me ligou para dizer que quando os cirurgiões o abriram, não encontraram o tumor.

"Você praticou os exercícios?", perguntei-lhe.

"Sim", ele respondeu.

"Praticou exercícios cinco a dez minutos, três vezes ao dia por uma semana?", continuei.

"Sim, pratiquei como você sugeriu", assegurou ele.

"Você contou ao seu cirurgião sobre o exercício?", perguntei.

"Não", disse ele. "Eles ficaram muito surpresos. Eu também fiquei surpreso", acrescentou. "Chamaram a isso remissão espontânea."

Esse exercício é apenas um dos exercícios da Rotina Diária de Cura, que é o fundamento dos *9 passos para reverter ou prevenir o câncer e outras doenças*. Você pode adicionar ou subtrair qualquer dos outros exercícios, mas é importante praticar a Rotina Diária de Cura todos os dias.

Essa é a rotina de cura que funcionou para mim e para meus pacientes e alunos. Oito anos depois do desaparecimento do meu câncer, eu ainda faço uma curta versão desse programa, porque ele faz que eu me sinta bem e saudável. Este capítulo contém uma versão de vinte minutos, uma versão de cinco minutos e uma de dois minutos.

A rotina começa com relaxamento profundo.

Benefícios do relaxamento profundo

Sentimentos de paz estimulam os mecanismos de cura naturais do corpo, usando sua sabedoria inata para curar-se. Você experimentará sensações de amor e alegria, que são o combustível que libera as substâncias químicas e hormônios do cérebro que fortalecem o sistema imune.

O relaxamento profundo expande a capacidade do seu coração de dar e receber amor. Quando você abre seu coração, descobre o amor interno. O relaxamento é a chave que lhe permite amar as pessoas de sua vida, bem como a si mesmo. Você retorna à consciência de sua verdadeira essência – o amor dentro do seu coração.

Minha primeira resposta ao desafio do câncer foi: "Fiz algo de errado; estou sendo punida por alguma coisa que preciso corrigir". Aprender a aprofundar minha prática de relaxamento com cada repetição abriu minha consciência à compreensão de que as doenças – inclusive o câncer – são apenas uma mensagem de amor do meu corpo. Uma das coisas que meu corpo estava me dizendo era para tirar tempo livre para desfrutar a vida e cuidar de mim mesma.

O benefício do relaxamento profundo regular é que ele lhe permite ir devagar e sentir a alegria do amor que está em seu coração. Para algumas pessoas é mais fácil concentrar-se no amor de Deus durante o relaxamento. Se isso é mais fácil para você, abra seu coração para receber o amor de Deus. Sem sentimento de amor, o coração se encarquilha e morre. Para curar a si mesmo, você precisa abrir-se para sentir amor. Quanto mais profundamente deixar-se ir dentro da experiência do relaxamento, mais amor flui através de você. *O relaxamento abre a porta para o amor que cura.*

No começo, como muitos de meus alunos, descobri que é muito difícil arranjar tempo para relaxar. Existirão sempre coisas mais importantes a fazer. Eu pensava: "Tenho que fazer essa chamada telefônica; escrever esta carta; tenho que dar conta desse recado". A lista de coisas que eu tinha de fazer era interminável. Eu era a última coisa na lista de prioridades e o dia inteiro passava sem praticar o relaxamento. Somente a ameaça de morte me forçou a desprender-me dessas coisas todas e reverter minhas prioridades.

Pela manhã, tão logo acordava, praticava meu relaxamento. Lembro-me de tomar a decisão de fazer funcionar minha última prioridade. "Que bem virá de todo meu trabalho se meu corpo morrer? Se houver tempo para trabalhar depois que eu terminar minha prática, ótimo; se não, paciência", decidi. A coisa admirável que aconteceu foi que, depois de alguns dias de adesão ao relaxamento e rotina de autocura, tinha tanta energia que trabalhei significativamente mais que de costume, com mais tempo para os meus recados, chamadas telefônicas e cartas.

Meus pacientes usam este exercício diário para prevenir câncer e cardiopatias, se têm histórico familiar dessas doenças. Pacientes têm relatado que fazendo este exercício três vezes ao dia não somente melhoraram a saúde como acalmaram suas emoções. Dizem-me que pararam de gritar com seus filhos e seus relacionamentos conjugais melhoraram.

O exercício seguinte foi criado para ajudar a relaxar o corpo, a mente e as emoções em um nível mais profundo de confiança e criar ambiente para a cura.

Descubra um lugar confortável para sentar ou deitar. Use esse tempo para conectar-se com seu precioso corpo. Não se levante para atender ao telefone ou fazer qualquer outra coisa. Coloque um aviso "não perturbe" em sua porta se isso ajudar. Imagine que está em um lugar fora do tempo. Você tem todo o tempo do mundo para estar consigo mesmo. Nada para fazer, nada para tomar conta e nada para pensar.

Exercício: Prática do relaxamento

Para relaxar, siga os passos a seguir:

1. Comece relaxando tão profunda e facilmente quanto possível. Tensione seu corpo inteiro; sinta as tensões. Então relaxe; deixe ir. Inspire profundamente e acalme qualquer tensão remanescente usando a respiração. Perceba a diferença em suas sensações. Perceba como se sente quando está mais relaxado. Repita esse processo tantas vezes quantas necessárias para ficar completamente relaxado. Adquira o hábito de fazê-lo, seu corpo relaxará imediatamente e você somente terá de fazer isso uma vez.

2. Permita à sua respiração tornar-se quieta, vagarosa, profunda e confortável. Sinta as sensações nas narinas. Quando inspira, suas narinas ficam um pouco secas e frias. Quando expira, elas sentem um pouco de calor, maciez e umidade. Permita à sua respiração tornar-se tão suave que dificilmente possa escutar-se respirando. Sinta como ela se torna suave sem pausas, intervalos ou solavancos.

3. Permita a suas pálpebras descerem sem esforço sobre os olhos. Faça seus olhos permanecerem parados.

Transporte-se para um lugar neutro, no qual não tenha que fazer nada.
Sinta o amor líquido jorrando de seu coração como sangue, alimentando as células com alegria e nutrindo-as. As células se abrem e florescem, sorrindo para você com gratidão. Bilhões de suas pequeninas células estão preenchendo seus corações e mentes – os códigos DNA e RNA – com seu amor. Alegria, paz e saúde penetram o núcleo de cada célula. Suas células irradiam saúde. Qualquer célula doente se evapora e novas células saudáveis emergem. As células são regadas com o amor líquido do sangue e aquecidas ao Sol brilhante do amor na forma de luz do seu coração.
Sementes brotam e belas flores nascem. Sinta o perfume, a divina fragrância que nunca experimentou antes. Sinta o prazer e a alegria.

4. Banhe-se nessas sensações. Permita a seu corpo inteiro se dissolver nesse puro amor. Permaneça nesse estado de dissolução tanto quanto possível. Imagine que está abrindo seu coração ao seu bem-amado, usando qualquer imagem dele que veja. Sinta seu bem-amado abraçando-o com todo o carinho, absorvido com seu amor. Celebre essa esplêndida união. Permita à sua imaginação formar imagens que façam você se sentir delirantemente feliz.

   A energia do amor é a energia mais curativa que existe. Não faz diferença se as imagens são reais ou imaginárias; você pode criar essa energia do seu interior. Seu bem-amado pode ser seu *self* mais alto, alguém que você ama eternamente, sua alma-gêmea esperando encontrá-lo, um santo, uma flor ou qualquer coisa que estimule seus sentimentos de amor. Gaste tempo trocando energias com seu bem-amado tão freqüentemente quanto se lembrar – um minuto aqui e alguns minutos lá através do dia.

Praticar este exercício por cinco a dez minutos produz os melhores resultados. cinco a dez minutos de relaxamento acalma o corpo e prepara você para os próximos três exercícios da rotina diária. A quantidade de tempo que o corpo precisa para relaxar varia de pessoa a pessoa. Comece fazendo o exercício por dez minutos. Com a prática, será capaz de fazê-lo em cinco.

Respiração autocurativa, ou a Cura de 5 minutos

Este exercício tem sido um grande tesouro em minha vida. Eu o aprendi primeiro de um professor de meditação em Nova York, em 1975, ano em que meu ginecologista me disse que eu tinha dois tumores fibrosos do tamanho de ovos no meu útero.

"Eles podem desaparecer por si?", perguntei, imaginando se este exercício poderia fazê-los ir embora.

"Só com a faca", ele respondeu. "Sem isso, somente irão crescer", acrescentou. Ele marcou uma consulta para que eu voltasse a vê-lo em seis meses.

"Eu os curarei com esse exercício", lembro-me de ter pensado comigo mesma. Tentei concentrar-me e praticar essa técnica, mas não consegui. Ou ficava atordoada, ou adormecia, ou esquecia. Uma semana antes da minha consulta obriguei-me a me concentrar completamente em dissolver os tumores.

"Faça-o, por favor, faça-o", implorei a mim mesma. O pensamento da cirurgia me amedrontava tanto que o medo me tornou capaz de me concentrar e fazer o exercício.

Estava aterrorizada na próxima consulta. Quando o médico disse: "Os tumores se foram", senti um êxtase. Contei a ele o que tinha feito e vi as palavras "Ela os curou com o pensamento" escritas em seu relatório. Quando lhe pedi uma cópia para minhas recordações, aquelas palavras estavam faltando. Perguntei-lhe: "Por que as palavras 'ela os curou com o pensamento' estão faltando? Vi você escrevê-las em seu relatório". Ele não respondeu. Eu estava muito submissa e intimidada para pedir-lhe um relatório mais preciso. Deixei passar.

Senti-me muito encorajada e pensei: "Talvez também funcione com minhas alergias". Decidi fazer uma tentativa. Tive terríveis alergias por dez longos anos e tinha de tomar injeções duas vezes por semana nos dois braços. As injeções ajudavam um pouco, mas eu ainda estava sofrendo tremendos desconfortos – olhos inchados, nariz escorrendo, espirros incessantes e dificuldade de respirar. Uma vez descuidei de tomar minhas injeções e tive de ser levada correndo ao hospital. Meu rosto inchou tanto que pensei que ficara deformada. Minhas orelhas se tornaram maiores, meu corpo ficou coberto por uma erupção avermelhada e eu quase não podia respirar. Deram-me, no hospital, uma injeção que me acalmou. "Ousaria me arriscar a outro ataque se parasse com as injeções?", eu queria saber. "Por quanto tempo mais preciso tomar essas injeções?", perguntei a meu alergista. "Para o resto da vida", ele respondeu. Esse simples pensamento me fez ficar deprimida. Um amigo chegado que estava sofrendo de alergias semelhantes disse que tomava essas injeções há 20 anos e sabia que deveria continuar a tomá-las para o resto da vida. Isso me convenceu de que não havia outra maneira.

Todavia, continuei a praticar a técnica diária de autocura e logo percebi que meus sintomas de alergia diminuíram. Não tomei minhas injeções sentindo intimamente que a técnica estava funcionando.

Três semanas se passaram e eu estava bem – minhas alergias desapareceram. "Consegui!", gritei enquanto pulava de alegria. Isso foi em 1976. Não tenho um ataque de alergia desde então. De tempos em tempos uma pequena reação alérgica aparece, mas tão logo pratico esse exercício de autocura desaparece.

Ainda pratico esse exercício quando vou para a cama à noite, logo que acordo de manhã antes mesmo de me levantar da cama, porque é muito poderoso. Ele relaxa meu corpo enquanto me banho nas belas energias que produz, que me mantém cheia de felicidade. Acredito que fazer diariamente esse exercício me ajuda a manter a aparência jovem. Aos 64 anos, meu cabelo ainda é escuro.

Desde que aprendi essa técnica, a tenho ensinado aos outros. A intenção dos antigos curadores que desenvolveram esse processo era apagar a doença e o sofrimento do planeta.

Em 1980, uma enfermeira, que estava sofrendo de artrite e problemas de peso, assistiu a meu *workshop*. Depois de praticar este exercício por três semanas, Dina sentiu um grande alívio. Um ano depois, sua artrite desapareceu e ela parou de tomar a medicação. "Também estou perdendo peso naturalmente, sem fazer dieta. Esse exercício equilibra meu corpo, então não fico faminta como costumava."

"Tenho ensinado esse exercício de autocura no hospital a meus pacientes e a todo lugar aonde vou", continuou Dina. "Descobri que é da maior ajuda." Poucos anos depois, ela me contou que alguns de seus pacientes com várias doenças tinham usado esse exercício para curar a si mesmos.

"Que tipo de doença?", perguntei.

"Asma, dor nas costas, pressão alta, úlceras, todo tipo de dor e desconforto, mesmo resfriados e gripes. Eu agora sou capaz de me livrar de um resfriado em 10 a 20 minutos." Então acrescentou: "Também fui capaz de ensinar esse exercício a pacientes com doença cardíaca com resultados impressionantes. Eles foram capazes de limpar suas coronárias e reverter suas cardiopatias. Mudanças de estilo de vida, como a redução do estresse com esse exercício, têm ajudado pacientes a abrir seus corações em um nível mais profundo".

No ano passado, Dina ligou para contar que seu pai tinha falecido. "Ele estava com muita dor. Então ensinei-lhe o exercício de autocura e sua dor diminuiu. Ele morreu serenamente."

Ao longo dos anos, tenho modificado o exercício para tornar mais fácil a visualização, tanto a meus estudantes quanto a mim. Quando ensinei esse exercício a Jack Canfield, co-criador da série *Histórias para aquecer o coração*, sua reação foi: "Estou preenchido de felicidade. Você deveria chamá-lo A Cura de 5 minutos".

Exercício: respiração autocurativa, ou a Cura de 5 minutos

Seu plexo solar é um feixe de terminais nervosos. A palavra "solar" vem de "Sol" e "plexo" significa "centro". Embora a medicina ocidental ainda não tenha atribuído uma função curativa ao plexo solar, antigos curadores reconhecem esse "centro solar" como um poderoso instrumento na cura do corpo.

Para usar sua respiração na autocura, siga os passos a seguir:

1. Inspire luz prateada, luz solar ou qualquer imagem que seja mais fácil a você visualizar. Se não consegue visualizar isso, apenas dizer as palavras geralmente funciona. Puxe essa energia – imagine-a como amor líquido – em seu plexo solar, que está localizado próximo ao diafragma, acima da linha da cintura e entre as duas últimas costelas da caixa torácica.
   - Tome outra inspiração e, enquanto inala, puxe esta energia para dentro do plexo solar, como se ele tivesse narinas para fazê-lo. Enquanto exala, direcione a energia como se estivesse usando seus olhos para olhar para dentro e preencha com ela o pé esquerdo, incluindo as unhas. Inspire na energia prateada, retenha por um segundo e preencha a perna esquerda acima do joelho. Inspire e preencha a coxa esquerda.
   - Quando você retém a energia no plexo solar por um segundo, ativa seus terminais nervosos para transmitir energia como raios de Sol enviando luz em todas as direções.

2. Faça o mesmo com a perna direita. A energia penetra as células como raios de amor que curam, massageiam, rejuvenescem, harmonizam e restauram as células para a saúde. Essa energia é muito curativa.

3. Então preencha a parte inferior do seu corpo, incluindo seus órgãos internos, fígado, rins, vesícula biliar, estômago, baço e pâncreas. Então preencha a parte de cima do seu corpo, incluindo coração, pulmões. Preencha o braço esquerdo, incluindo as unhas. Preencha o braço direito. Preencha o pescoço e a garganta.

4. Inspire na energia prateada de cura através do plexo solar, retenha o ar por um segundo e preencha o lado esquerdo de sua cabeça incluindo o lado esquerdo do cérebro. Agora faça o mesmo com o lado direito da cabeça e o lado direito do cérebro. Então vá para a parte de trás da cabeça, a parte posterior do cérebro. Preencha a frente da cabeça, a testa e o rosto. Preencha seu cabelo e a aura como um halo circundando seu corpo. Agora todo seu corpo está preenchido com essa energia, curando bilhões de células.

5. Aumente a energia que está enviando 100 vezes, como um tornado de energia, e direcione-a para a área que está curando – a área das células doentes, câncer ou outra doença. Você pode enviá-la a qualquer lugar para uma doença física, dor emocional, desordem mental, desarmonia espiritual ou qualquer fonte de estresse que esteja experimentando.

6. A parte mais importante desse exercício é *agora*: Com os olhos da mente, veja aquela área já curada e perfeita, brilhando e vibrando de saúde, como um bebê recém-nascido, enquanto está enviando doses extras de luz prateada para lá. Em outras palavras, enquanto visualiza a área como perfeita, energize-a com um raio de luz do Sol ou luz prateada, inundando a área para dar-lhe o combustível de saúde necessário.
   - Novas pesquisas em ciência quântica indicam que

modificamos o que vemos só de olhar. Nosso olho interior emite um raio laser ou radar que corrige as células meramente por vê-las saudáveis.

7. Agora, use todos os cinco sentidos. Quando se entra no quarto de alguém que tem câncer, existe freqüentemente um cheiro de apodrecimento. Quando alguém é curado, existe um cheiro de frescor no ar. Imagine que pode sentir esse frescor na área afetada, como se ela já estivesse curada. Você pode experimentar uma fragrância que nunca sentiu antes. Experiente-a, imagine um novo sabor delicioso. Escute os sons da paz e da alegria nessa área. Sinta as sensações. Toque-as com seus sentidos. A textura pode ser veludosa ou suavemente sedosa. Veja o formato e as cores, como se a área estivesse saudável. Use todos os cinco sentidos enquanto intensifica as doses de energia que está enviando para a área a ser curada.
   - Quando você consegue começar a imaginar que está cheirando e provando o frescor de estar curado e vendo, ouvindo e sentindo a si mesmo como curado, estudos mostram que está criando novas sinapses no cérebro que então causam a cura. Seu cérebro responde às imagens que você mantém na mente. Não importa se são reais ou imaginárias. Substâncias químicas e hormônios são liberados de acordo com os pensamentos e as imagens que experimentamos, que são então registrados no hipotálamo, fortalecendo ou enfraquecendo o sistema imune.

Faça este exercício três vezes ao dia.

Decisões curativas

O terceiro passo na rotina diária de cura é identificar as decisões doentias mantidas no subconsciente que criam o câncer e outras doenças e mudá-las para decisões curativas. Esse passo é essencial para prevenir o retorno da doença. Como esse exercício é para uso diário, é muito mais curto que a versão apresentada no Capítulo 6. Se você deseja trabalhar mais profundamente com as atitudes doentias, use o exercício do Capítulo 6. Use o apêndice para ajudá-lo a identificar atitudes tóxicas que tenham a ver com o câncer e outras doenças, e para ver exemplos de como mudá-las em decisões curativas.

Pacientes que praticam esse exercício relatam benefícios variando da reversão e prevenção da doença a melhoras na criatividade e nas finanças.

Quando conheci Dóris, uma jovem executiva, ela estava acima do peso e sua mão direita dormente. "Eu era sempre motivo de chacota na escola desde o 1º grau. Minha mãe me vestia com roupas estranhas, como uma boneca, e eu queria me esconder. Sentia-me terrivelmente envergonhada. Não percebi que as decisões que tomei quando criança estavam afetando minha vida hoje. Agora compreendo que o excesso de peso é minha maneira de esconder essa dor, para que ninguém saiba como realmente me sinto."

Dóris aprendeu a tomar decisões curativas que transformaram sua vergonha em autoconfiança. Depois de praticar a Rotina Diária, Dóris perdeu peso substancial em curto período de tempo e a dormência em sua mão desapareceu.

John, um psicólogo, assistiu a um seminário para aprender como ajudar seus pacientes a prevenir e a reverter doenças mentais, câncer e doença cardíaca. Depois de usar os exercícios, John me contou que: Identificar decisões tóxicas usando seu método ajudou meus pacientes a clarificar como constantemente maltratavam a si mesmos. Identificar essas atitudes parece ser meia batalha. Percebi uma grande mudança em suas consciências. Então foi mais fácil movê-los em direção a resultados tangíveis.

"Este exercício ajuda meus pacientes a enfrentar os desafios que encontram a cada dia em seus relacionamentos e no trabalho. Um paciente disse que situações estressantes não mais o esgotavam. Parou de se aborrecer com coisinhas e foi capaz de escutar as necessidades de seus filhos mais atentamente. Sua criatividade no trabalho cresceu e uma dor nas costas constante de muitos anos desapareceu."

Mudar atitudes tóxicas em decisões curativas requer diligência e prática motivada. Suas decisões precisam ser nutridas com amor diariamente, como sementes plantadas em um jardim. Essa maneira de pensar precisa ser protegida de suas próprias dúvidas e das reações negativas dos outros, que podem solapar suas novas e saudáveis percepções. Como as ervas daninhas em um jardim sufocarão as flores se não forem removidas, a dúvida expulsará as decisões curativas se não removida.

Praticar o seguinte exercício por cinco minutos, três vezes ao dia, reforçará suas decisões curativas, protegendo-as da dúvida e sustentando-as enquanto você fortalece seu sistema imunológico e sua capacidade de curar.

Exercício para curar decisões tóxicas

Para curar suas decisões tóxicas, dê os 15 passos a seguir:

1. Concentre sua atenção nas emoções e sensações que sente em seu corpo como resultado do câncer, outras doenças ou estresse emocional. Dê voz ao que está sentindo. Se está se sentindo ansioso ou temeroso, imagine onde sente esta emoção e as sensações a ela associadas, como: "Sinto meu coração acelerado, enjôo de estômago aperto no peito".

2. Pergunte a si mesmo: "Qual a atitude ou decisão que tomei que está me fazendo sentir desse jeito?". Espere por uma resposta.

3. Permita a seus sentimentos se espalharem pelo corpo. Se as lágrimas vierem, permita-se chorar e perceber os sentimentos o mais completamente possível.

4. Torne-se aberto e vulnerável como uma criança. Diga a si mesmo a verdade. Por exemplo: "Estou com medo de nunca mais ficar bom e nunca ser bem-sucedido".

5. Escreva esta atitude que seu subconsciente está mantendo. Identifique quantas decisões puder.

6. Agora escolha decisões saudáveis, como se fosse o começo do resto de sua vida. Como quer que seja sua vida de agora em diante? Mesmo que pense ser impossível, lembre-se de que pode criar sua realidade deste momento, simplesmente visualizando e sentindo a realidade que deseja criar.

Por exemplo, você pode escolher concentrar-se no oposto das decisões baseadas no medo, como:

- Outras pessoas ficaram bem, então eu posso.
- Quanto mais decido acreditar que mereço irradiar saúde, mais ela aparecerá em meu corpo.
- Estou me tornando mais forte, saudável, alegre, sábio e bem-sucedido a cada dia de todas as maneiras.
- Mereço a saúde e outras pessoas se beneficiarão com minha renovada força.

7. Repita suas novas decisões curativas cinco a dez vezes por dia com seriedade e sinceridade.

8. Em sua imaginação, sinta as sensações que sentia quando estava com saúde radiante. Sinta a alegria e o amor que fluem através do seu corpo quanto se sente ótimo.

9. Imagine que está assistindo sua vida como a um filme – com imagens vívidas de você já da maneira que deseja ser.

10. Imagine o que dizem as pessoas quando o vêem. Por exemplo: “Você parece tão bem. Estou muito feliz de ver você e tê-lo em minha vida”.

11. Imagine o que diria a outras pessoas se fosse bem-sucedido e irradiasse saúde. Permita a seu coração ser seu guia. Deixe-o expressar seus desejos. Por exemplo: “Quero que saiba que amo você e realmente me preocupo com seu bem-estar e felicidade.”

12. Imagine as expressões de alegria, amor e carinho em seu rosto e no dos demais, enquanto desfrutam ouvir você dizer estas palavras.

13. Novamente, repita suas decisões cinco a dez vezes, *sentindo* cada palavra.

14. Preencha a área onde sentiu sensações de medo com sensações de paz, alegria e amor. Ame esta área. Ame o medo. O medo é somente uma mensagem, um *feedback* para levá-lo a saber que precisa mudar as decisões que tomou e que não lhe servem. *É a maneira do corpo relembrá-lo que, como qualquer um, você merece o melhor.* Tão logo perceba e aceite isso, será capaz de reverter todas as decisões doentias que causaram problemas em sua vida.

Agora, agradeça a si mesmo por estar tendo a coragem e a determinação de curar sua vida.

15. Repita suas novas decisões curativas cinco a dez vezes três vezes ao dia.

Conectando-se à sabedoria interior

A sabedoria de seu corpo é surpreendente. Duas células – uma de sua mãe e outra de seu pai – combinadas em uma célula tornou-se você. Toda a sabedoria que está em você estava contida em uma célula, pequenina demais para se ver. Essa única célula dividiu-se, dividiu-se outra vez, e mais uma vez, dividiu-se e subdividiu-se até formar todos os seus órgãos e seu magnífico corpo. Toda a sabedoria que você tem está contida em cada célula do seu corpo. *E contida em cada célula está a sabedoria de curar*. Mais, o corpo tem a capacidade de curar-se a si mesmo.

Quando você se corta, quanto tempo demora para curar? O corpo sabe como produzir as substâncias químicas e hormônios certos. Confie na sabedoria de seu corpo de ser capaz de curar-se. Aprenda como sair da estrada, aquietar sua mente, sentir paz e alegria e preencher-se com a energia do amor.

Desenvolva sua confiança; cultive sua fé na sabedoria intuitiva da mente, corpo e espírito. Esse conhecimento nasceu com você. Toda a sabedoria e inteligência intuitiva para curar seu corpo estão dentro de você. Quando aprende a conectar-se à sabedoria interior, aprende como receber orientação do seu *self* interior, melhorando sua saúde, encontrando soluções para os desafios que está enfrentando, conseguindo seus objetivos e criando uma vida melhor. Primeiro você precisa exercitar seus músculos intuitivos para desenvolver a capacidade de escutar e para agir de acordo com as mensagens que recebe.

Seguir essa sabedoria interior é o que me permitiu dizer não a outra cirurgia ou quimioterapia e começar o processo de cura, que me devolveu uma saúde radiante.

Em 1987, uma bela modelo chamada Helena veio procurar-me. Estava sofrendo de hipertireoidismo e seu cabelo começou a cair. Estava também tendo dificuldades em apaixonar-se e constituir um relacionamento amoroso. Todos os seus relacionamentos terminavam em dor e desapontamento, dela ou de seu amante.

"Saboto a qualquer um que me ame", disse-me ela com lágrimas rolando pelas faces. "Também atraio pessoas que sinto que não são boas o bastante para mim ou pessoas que sinto que não sou boa o bastante para elas. Nunca acerto."

Quando Helena tornou-se mais proficiente em praticar a Rotina Diária, sua consciência cresceu rapidamente. Ela relatou: "Quando estava praticando o Exercício do Sábio *Self* Interior, recebi orientação interna que me levantou. Vi meus dedos colocados em minha garganta e ouvi a palavra, 'desonestidade'. Compreendi que meu hipertireoidismo era um reflexo da minha verdade inexpressa. Percebi que para sobreviver quando criança não podia dizer a verdade. Meu pai era violento e abusivo, mas nunca conversamos sobre isso. Fingíamos que nada estava acontecendo. E eu ainda faço isso. É um hábito que está sendo muito difícil superar. Agora sei que esta é a atitude tóxica que causou todos os meus problemas e que posso mudá-la".

Helena desenvolveu novas decisões curativas e, depois de praticá-las, reverteu o hipertireoidismo e seu cabelo parou de cair. Seus problemas de relacionamento também foram curados. Ela conheceu um homem maravilhoso. Helena agora é casada e feliz, e tem uma bela filha adolescente.

Exercício para conectar-se com o Sábio *Self* interior

Pratique este exercício depois de profundo relaxamento quando sua mente está quieta e seu corpo relaxado.

Para conectar-se à sua sabedoria interior, siga os quatro passos a seguir:

1. Sente-se ou deite-se confortavelmente. Respire devagar, profunda, suave e confortavelmente, permitindo a seu corpo relaxar. Dissolva-se em sua cadeira cada vez que exala.

2. Quando estiver profundamente relaxado, imagine que pode conectar-se à sua sabedoria interior. Aceite qualquer que seja a imagem que se mostre a você. Pode aparecer como um amigo, um avô, um sábio, Deus, um santo, uma flor, um pensamento, uma vibração, uma sensação. Não existe uma maneira certa ou errada de fazer isso. Qualquer imagem que lhe vier à mente está bem. Pergunte à sua imagem: "Mostre-me o que preciso conhecer ou fazer para me curar".

3. Escute silenciosamente pela resposta. Se nenhuma resposta vier, abra-se mais sinceramente e pergunte outra vez com um senso de seriedade. Peça pela ajuda do universo, do poder mais alto, de Deus ou do seu *self* superior. A resposta pode vir mais tarde em forma de um sonho. Ou poderá ouvir alguém dizer alguma coisa e sentir um súbito senso de "Aha! Esta é a minha resposta".

A resposta certa geralmente vem com um sentimento de conhecer. Todos os seus sentidos lhe dão sinais. Eles podem ser arrepios ou palpitações cardíacas ou lágrimas ou uma erupção de energia. Preste atenção a esses sinais. Nosso corpo fala constantemente conosco; apenas estamos ocupados demais para lhe dar atenção.

4. Quando sua orientação chegar com um "Aha! Esta é a resposta", tome uma atitude. Tome uma decisão sobre quando agirá de acordo com a resposta recebida. E execute-a! É assim que a mágica aparece. Sincronicidade, novas aventuras, novas pessoas e circunstâncias aparecerão em sua vida e o farão avançar em seu crescimento.

Quanto mais praticar este exercício e agir de acordo com a resposta que receber, mais forte será a conexão entre você e sua sabedoria interior. Se você não age, a conexão se enfraquece e você esquece que tem o poder dentro de si para criar a vida que merece.

Gravei uma fita cassete da Rotina Diária de Cura que freqüentemente escuto três vezes ao dia: de manhã, de tarde e de noite. Descobri que escutar a fita me permite alcançar profundos estados de relaxamento. Ajuda a me concentrar mais profundamente em cada palavra que então pode penetrar facilmente o subconsciente. Internamente, repito cada palavra que escuto até que possa senti-la, sendo absorvida por minhas células.

Cada manhã, antes de levantar, fico deitada me banhando nessas belas energias, sentindo cada palavra tão profundamente que meu corpo vibra com deliciosas sensações.

Quando permito que as palavras penetrem profundamente dentro de mim, sinto como se as estivesse escutando pela primeira vez. Existe uma nova refrescância e uma compreensão mais profunda com cada prática.

Pratique a rotina diária completa três vezes ao dia por 20 ou 30 minutos, dependendo de quanto tempo você tem.

Rotina diária de cura de 5 minutos

Uma vez se torne adepto de praticar a Rotina Diária de Cura completa, sugiro-lhe fazer uma versão curta cada vez que disponha de 5 minutos. Contudo, continue a praticar a Rotina Diária maior. Essa rotina rápida não é uma substituição da rotina completa, mas você também pode usá-la toda vez que possa dispor de 5 minutos.

Pratique-a quando se sentir cansado, ansioso ou mal-humorado. Energias curativas se acumulam e criam saúde. Receberá grande benefício se dedicar um tempo a visualizar alegria, saúde e felicidade em sua vida. Minha experiência tem me mostrado que *o que quer que se visualize claramente e com sentimento se torna realidade*. Quanto mais clara a imagem e quanto mais você a sinta, mais rápidos os resultados. Quanto mais pratica mais cresce.

Muitos pacientes usam a Rotina Diária de 5 Minutos quando submetidos a quimioterapia para evitar que seus cabelos caiam e outros usam o exercício para prevenção, particularmente se existe história familiar de câncer, doença cardíaca ou outra doença grave.

Exercício: Rotina Diária de Cura de 5 Minutos

Para praticar a Rotina de Cura Diária de 5 Minutos, siga os seguintes quatro passos, que incluem relaxamento, autocura, decisões afirmativas de cura e conexão com seu *self* sábio intuitivo, um minuto e um quarto cada:

1. **Relaxamento**
   Tensione fortemente todo o corpo, então inspire profundamente e relaxe. Faça isso três vezes. Continue respirando devagar, profunda, confortável e quietamente. Sinta sua respiração tornando-se silenciosa e suave. Sinta as sensações da respiração em suas narinas.

2. **Respiração de autocura**
   - Inspire energia viva – força prateada, como luz brilhante, do universo para dentro do seu plexo solar – logo acima da linha da cintura entre a caixa torácica e o umbigo.
   - Inspire e retenha a respiração por um segundo. Enquanto expira, direcione para baixo a energia prateada, para sua perna esquerda até os artelhos, preenchendo sua perna esquerda.
   - Inspire dentro do seu plexo solar e retenha a respiração por um segundo. Então exale toda a energia para baixo, para sua perna direita, por todo o trajeto até os dedos dos pés, preenchendo sua perna direita.

- Inspire a energia prateada dentro do seu plexo solar. Retenha-a e direcione-a para a parte inferior do tronco enquanto expira, preenchendo-o com a luz prateada.
- Inspire dentro do plexo solar. Retenha e direcione a energia luminosa para a parte superior do tronco. Preencha-o por inteiro até seu pescoço enquanto expira.
- Inspire dentro do plexo solar e direcione a energia luminosa para baixo, para todo o braço esquerdo até a ponta dos dedos, preenchendo-o enquanto expira.
- Inspire dentro do plexo solar e direcione a energia luminosa para baixo, para o braço direito todo até a ponta dos dedos, preenchendo-o enquanto expira.
- Inspire dentro do plexo solar e retenha a energia. Expire preenchendo seu pescoço, rosto, a parte posterior da cabeça e todo o seu cérebro com a energia luminosa.
- Agora inspire a luz prateada e envie-a para a área do seu corpo que está lutando contra o câncer, enfermidade ou desconforto. Veja essa área já curada – tão perfeita como quando você nasceu –, vibrando com saúde, rodeada de pura energia branca ou de luz.

3. **Decisões curativas**
   - Concentre-se na decisão curativa em que está trabalhando. Deixe seu corpo ser seu guia em como quer que ele se sinta por dentro. Quando alguma coisa parecer poderosa para você, fique com ela e repita-a com suas próprias palavras mais e mais interiormente. Aqui está um exemplo: "Decidi escolher me sentir bem interiormente, não importa o que está acontecendo fora de mim. Posso escolher me sentir calmo, feliz e saudável".
   - Enquanto repete sua decisão de saúde, veja-se fazendo tudo em sua vida com alegria, sentindo-se calmo, pacífico, alegre, saudável, radiante, vibrante e brilhando

com saúde. Veja-o tão vividamente quanto possa enquanto repete internamente as palavras. Por exemplo: "É bom sentir-se disposto. É divertido sentir-se disposto. Adoro me sentir disposto. Mereço. É certo me sentir disposto".

- Assegure-se de terminar essa parte da Rotina Diária com estas palavras curativas ou outras de sua escolha: "Minhas células saudáveis sabem como curar qualquer célula doente. Meu corpo recupera seu estado natural de saúde".

4. Conectando-se ao seu *Self* Sábio Intuitivo

A última parte da rotina diária rápida é conectar-se ao seu *self* sábio interior.

- Imagine que alguém que gosta muito de você está à sua frente, sorrindo para você e lhe dando muito amor. Qualquer imagem que lhe vier à mente está ok. Concentre-se nesta sabedoria e pergunte o que quer perguntar. Por exemplo: "Qual é a lição da minha doença? Qual é a bênção desta adversidade em minha vida? Mostre-me o que preciso aprender".
- Então ouça quietamente. As respostas estarão lá tão logo faça as perguntas. Nem sempre estamos prontos para ouvi-las; então às vezes demoram mais. Abra sua mente para receber as mensagens do seu sábio *self*. Preste atenção aos sinais que sua sabedoria intuitiva está lhe dando.
- Quando a resposta vem, é importante tomar uma atitude. Tome conscientemente a decisão de que usará a resposta que recebeu para tomar uma atitude. Agradeça ao seu *self* sábio por sua sabedoria. Sentindo as sensações do seu corpo, gentilmente abra os olhos, sentindo-se rejuvenescido e melhor do que antes.

Rotina diária de 2 minutos

Se o tempo é realmente limitado, você pode também fazer a rotina em dois minutos – metade de um minuto para cada sessão:

- Metade de um minuto para tensionar o corpo inteiro relaxando três vezes.
- Metade de um minuto para fazer o exercício de respiração de autocura por todo o corpo visualizando a cura da área afetada.
- Metade de um minuto para trabalhar na decisão curativa, repetindo e visualizando a nova decisão.
- Então, metade de um minuto para conectar-se ao seu *self* sábio.

Pratique por dois minutos durante o tempo em que está parado no trânsito, durante os comerciais quando está assistindo à televisão ou enquanto está cozinhando. Quando você pratica por dois minutos várias vezes ao longo dia, cada minuto o fortalece, libera o estresse e ele não se acumula. Você libera o estresse regularmente antes que ele o torne cansado e cause dor.

Se você não tem dois minutos, tente dedicar um minuto ou 30 segundos para energizar a si mesmo. Por exemplo, use um relógio que soe de hora em hora para lembrá-lo de praticar a rotina diária rápida. Ou você pode colocar estrelas prateadas ou douradas onde elas o recordem de fazer uma pausa para uma ação curta de energização. Seu relógio é um bom lugar para colar uma estrela dessas. Cada vez que olhar as horas, será lembrado de fazer um intervalo em sua vida ocupada e fazer a rotina de cura rápida. Ou coloque uma estrela na geladeira. Cada vez que abrir a porta, lembrará. Também, no espelho do banheiro, onde escova seus dentes, ou o espelho onde olha suas roupas depois de se vestir, seu computador, sua escrivaninha do trabalho, são todos excelentes lugares para a estrela.

Exercício: Rotina diária de 2 minutos

Para praticar a rotina diária de dois minutos, siga os seguintes quatro passos a seguir – meio minuto cada um:

1. **Relaxamento:**
   Tensione e relaxe seu corpo três vezes; respire profunda, vagarosa e confortavelmente. Sinta o amor em seu coração como um Sol irradiando luz em todas as direções. Desfrute as sensações.

2. **Respiração autocurativa:**
   Inspire dentro da luz prateada (ou dourada) através do seu plexo solar; enviando para a perna esquerda, para a direita, para o braço esquerdo, para o direito, para suas costas abaixo e acima, para o pescoço, para a cabeça. Envie doses extras de energia para a área que está curando ao mesmo tempo em que vê essa área já curada e perfeita, brilhando e vibrando com saúde.

3. **Decisões curativas:**
   Repita e visualize decisões curativas como: "Quanto mais alegria eu sinto, mais meu corpo se cura. Escolho me sentir livre para desfrutar cada segundo em que respiro. Banho-me na energia do amor da minha respiração que envia amor na forma de oxigênio a todas as células do meu corpo. Qualquer célula doente é facilmente convertida em saudável".

4. **Conectando-se ao seu *Self* Sábio:**
   Respire e relaxe dentro do seu conhecimento interior e diga: "Mostre-me o que preciso saber ou fazer para melhorar minha saúde". Ouça a resposta e tome uma atitude quando souber que recebeu a resposta.

capítulo 8

PASSO 5: CHAMAR O MÉDICO INTERIOR

Um neurologista, que é também chefe de departamento de um conhecido hospital de Nova York, me procurou para lidar com seu medo de morrer. "São tantas as pessoas que conheço que morrem de câncer ou de doença cardíaca", ele disse. "É como se não tivéssemos escolha, como se Deus inesperadamente apontasse o dedo para você e dissesse: 'Você', e em seguida você está morto. Ninguém pode prever quem será o próximo."

Ele também era tão traumatizado pelo medo de voar que era incapaz de viajar de avião. Sua esposa ansiava voar com ele para visitar seus pais.

Ensinei-lhe a Rotina Diária de Cura e os exercícios de Chamar o Médico Interior. Enquanto praticava os exercícios, ele se lembrou de uma experiência na adolescência quando ficou traumatizado com a morte de um parente próximo. Também se lembrou de ter caído nessa época de uma roda gigante.

Teve um diálogo interior com o menino de 15 anos que agora era capaz de verbalizar seu terror e identificar as decisões que causaram seus medos. Tomou novas decisões curativas que praticava duas vezes ao dia depois de relaxamento profundo.

Ensinei-lhe o exercício de auto-hipnose, de contar de trás para a frente de 50 até zero. "Vi a mim mesmo em uma tela em saúde radiante com um forte sistema imunológico que poderia facilmente identificar e curar qualquer célula doente", ele disse. "Isso fez que eu me sentisse muito calmo e sereno. Então me imaginei voando com facilidade e conforto, livre de ansiedade ou medo, desfrutando meu vôo."

Ao final da quinta sessão, sentiu-se tranqüilo sobre sua capacidade de prevenir a doença, bem como com a possibilidade de voar. Poucas semanas mais tarde, recebi uma nota de agradecimento relatando que, pela primeira vez em sua vida, era capaz de voar. Sentindo-se trêmulo no começo, sua confiança cresceu quando continuou a praticar os exercícios. Mais de 20 depois, ele não somente voa a grandes distâncias sem medo, como também não teme mais morrer de câncer ou de doença cardíaca.

O notável médico e humanitário dr. Albert Schweitzer disse que dentro de cada um de nós existe um médico que sabe exatamente o que precisamos fazer para ficarmos bem. O Passo 5 é chamar nosso médico interior e usar sua capacidade para curar seu corpo. Os exercícios neste capítulo lhe permitem trabalhar diretamente com o médico interior para criar saúde. Mais ainda: esse médico está sempre disponível para atendimento em domicílio.

Muitos dos exercícios neste capítulo utilizam a visualização para criar mudanças internas. Se você tem dificuldades em visualizar, primeiro pratique o seguinte exercício, que destina-se a desenvolver essa habilidade.

Aperfeiçoe sua capacidade de visualizar

Como muitas pessoas, achei quase impossível desenhar imagens na mente quando comecei a fazer exercícios de visualização. Depois de praticar o seguinte exercício, contudo, eu agora visualizo facilmente e minha capacidade de ver claramente as coisas "com os olhos da mente" continua a crescer.

Para aqueles que estão lutando contra o câncer e outras doenças, até mesmo dor emocional e mental, aumentar a capacidade de visualizar expande sua capacidade de criar um novo sistema de trabalho e então as mudanças em seu corpo podem acontecer. Pesquisas indicam que *quando você visualiza uma mudança no corpo, este começa a adaptar-se a ela.*

A *Bíblia* nos dá um exemplo disso na história de Jacó. Naquele tempo, ovelhas manchadas eram as mais valiosas de todas. E como Jacó tinha muito poucas, colocou galhos de árvore manchados onde suas ovelhas poderiam ver facilmente enquanto pastavam. Quando a ovelha que tinha sido exposta a formatos manchados dava à luz, seus filhotes tinham a lã manchada em vez da cor sólida de seus pais.

O cérebro reage fortemente às imagens que colocamos em nossa mente. Ele libera substâncias químicas e hormônios de acordo com as imagens que vemos – mesmo que sejam apenas visualizações. Quando formamos na mente calmas e confortadoras imagens de segurança e proteção, de prazer, amor e alegria liberam-se substâncias químicas que enviam essas mensagens ao resto do corpo. Quando temos imagens de medo – de coisas ruins acontecendo, de preocupações – as substâncias químicas liberadas colocam o corpo em reação de luta ou fuga. Quanto mais o corpo está em estresse, mais fraco se torna o sistema imune. *Quanto mais você se concentra em imagens que o fazem feliz, mais forte se torna o sistema imune.*

Meus pacientes e alunos têm tido maravilhosos resultados usando o seguinte exercício. Alguns começam não vendo coisa alguma, mas logo sua capacidade de visualização cresce rapidamente com a prática.

Exercício para melhorar sua capacidade de visualizar

Para melhorar sua capacidade de visualizar, siga os 20 passos a seguir:

1. Olhe ao redor do aposento em que está sentado e memorize o que vê. Preste atenção nas cores do carpete, no piso, no forro, nos móveis e outros itens da sala. Também preste atenção às roupas que está vestindo.

2. Agora feche os olhos e veja se é capaz de repetir os desenhos que acabou de ver – as cores, os formatos, os tamanhos de tudo que viu quando seus olhos estavam abertos.

3. Abra os olhos e compare o que viu com os olhos fechados. Você foi capaz de recriar aquelas imagens com precisão?

4. Novamente feche os olhos. Será que você pode ver agora tudo o que viu com os olhos abertos com imagens mais claras, nítidas e precisas? Faça esses primeiros quatro passos várias vezes antes de prosseguir com o resto do exercício. Também é útil praticá-los ao longo do dia.

5. Agora se imagine em sua sala favorita. Feche os olhos e imagine o mobiliário. Olhe para o forro. Olhe para o piso. Que cores você vê, que formatos? Descubra um objeto. Pegue o objeto nas mãos. Levante-o. Atire-o no ar. Ponha-o de volta.

6. Imagine-se olhando sua sala de diferentes ângulos, de cantos diferentes. Imagine-se no teto olhando para baixo para a sua sala. Como ela parece agora? Imagine-se deitado no piso olhando para cima. Como parece a sala desse ângulo?

7. Agora imagine que está em seu carro. Imagine que está segurando o volante. Pode ver o painel do carro? Pode ver o pára-brisa? Veja-o tão vividamente quanto possa. Abra os olhos.

8. Em seguida, imagine que está olhando para um Sol brilhante. Que imagem aparece para você? Um amarelo brilhante contra o céu azul? Está no centro do céu ou em algum lado? Existem nuvens no céu? Imagine a forma, a cor e o tamanho deste Sol e das nuvens.

9. Agora, imagine que está em uma praia ou oceano. Feche os olhos e imagine os arredores; olhe tudo à sua volta. O que vê? Imagine a cor da água, das ondas, da areia, as pessoas e os pássaros. Existem árvores? Imagine que está vendo um arco-íris. Você pode identificar e ver as cores vividamente? Imagine essas cores tão acuradamente quanto possa – vermelho, laranja, amarelo, verde, azul, índigo e violeta.

10. Imagine-se olhando para o mar no pôr e no nascer do Sol, à noite e durante o dia. Que imagens lhe vêm à mente? Agora, imagine que está vendo a Lua. Que imagens lhe aparecem? É uma Lua cheia no meio de nuvens? Ou uma Lua nova em um céu escuro?

11. Imagine sua fruta favorita. Imagine uma maçã, uma pêra, uma banana, uma laranja, um *grapefruit*, um limão, uvas, manga, papaia, abacaxi, goiaba e morango. Imagine que pode sentir a textura e o cheiro de cada fruta. Agora imagine que está segurando e cheirando uma rosa vermelha, uma rosa amarela e uma rosa branca. Em seguida, faça a mesma coisa com diferentes flores coloridas de sua escolha.

12. Feche os olhos. Sinta as sensações em seu coração enquanto imagina sua forma e o sangue vermelho bombeado através dele. Agora carregue a imagem do Sol brilhante para o centro do seu coração. Imagine seu corpo se transformando em um céu azul e seu coração em um Sol brilhante irradiando luz através do seu corpo. Agora, imagine uma rosa vermelha no centro do seu coração. Agora, imagine seu coração florescendo como uma rosa vermelha.

13. Com os olhos fechados, concentre-se nas sensações do corpo e descreva as imagens. O que sente no estômago,

no peito e na cabeça? Descreva as sensações para si mesmo. Se forem menos que confortáveis, examine o pensamento e a crença por trás do desconforto. Relaxe esta área, respirando dentro dela, e perceba como as imagens mudam.

14. Feche os olhos. Imagine que está olhando para seu animal de estimação favorito. Toque seu animal, saboreie as sensações que sente quando você o acaricia. Olhe nos seus olhos; que cor eles têm? Perceba quantos detalhes puder. Agora, imagine-se olhando e acariciando um gato, um cachorro, um coelho, um pássaro e um peixe.

15. Com os olhos fechados, imagine que está comendo sua comida favorita. Sinta as sensações em seus dedos enquanto segura os talheres. Imagine que pode sentir as sensações da comida na boca. Imagine-se mastigando a comida, sentindo seu sabor. Desfrute as sensações como se estivesse comendo essa comida.

16. Imagine-se bebendo sua bebida favorita, sentindo seu aroma. Sinta as sensações de prazer enquanto vai bebericando. Agora se imagine bebendo água. Bebendo leite. Perceba a diferença na textura e no gosto. Imagine-se bebendo chá, depois bebendo vinho. Perceba a diferença na textura e no gosto.

17. Imagine-se bebendo em diferentes recipientes. Primeiro beba em um copo depois em uma caneca, em uma xícara plástica e finalmente em uma xícara de papel. Perceba a diferença das sensações que experimenta enquanto seus lábios tocam cada recipiente.

18. Imagine um membro bem amado da família sentado à sua frente ou perto de você. Imagine suas expressões

faciais tão vividamente quanto possa. Imagine seu sorriso, as roupas que está usando e as sensações que sente quando está com essa pessoa. Imagine abraçando-o. Sinta as sensações de seu toque.

19. Agora, visualize sua mãe. Você pode ver como ela se parece? Imagine-a em belas pinturas, em sombras e cores de sua escolha. Crie imagens de uma mãe nutridora, adorável, divina, nutrindo e alimentando você com tudo o que precisa. Leve essa imagem de uma mãe adorável, curativa e divina para dentro da área de sua dor ou doença. Sinta seu amor curando essa área, acariciando-a com gestos de delicadeza, compaixão e cuidado real. Imagine que você é um bebê inocente sendo segurado e embalado com tanto amor que se dissolve dentro desse amor. Imagine seu corpo curado, emoções alegres, seu espírito animado e sua mente calma, sábia e vazia.

20. Pratique esse próximo passo quando estiver com outras pessoas:

    Olhe para as pessoas à sua volta. Olhe como estão vestidas. Feche os olhos e recrie essas imagens, formas e cores internamente. Abra seus olhos e veja se você se lembrou de tudo o que viu. Feche seus olhos de novo e veja se pode lembrar o que viu mais completamente. Você pode ver as imagens claramente agora? Abra seus olhos.

Pratique este último passo tão freqüentemente quanto possa, em qualquer lugar que esteja, em uma sala de espera ou na fila do caixa. Saiba que sua capacidade de visualizar melhorará com a prática. Para algumas pessoas, isso acontece em um curto período de tempo; para outras, demora um pouco mais. Embora não pudesse visualizar afinal quando comecei, depois de praticar fui capaz de ver imagens débeis. Descobri que usar minha imaginação para visualizar fez a diferença e me ajudou a curar o câncer.

Autocurar doenças

Estudos indicaram que as palavras que dizemos e os sentimentos que elas evocam afetam nosso sistema imune. Usar afirmações de saúde juntamente à visualização pode ser muito curativo para alguém que está desafiando o câncer e outras doenças. Quando você visualiza com sentimento, manifestam-se mudanças dentro do corpo. Use qualquer imagem que funcione melhor para você. Algumas pessoas gostam da imagem de um gatinho passeando pela corrente sangüínea, caçando e engolindo as células doentes. Outras pessoas preferem imagens com um relâmpago explodindo o tumor e curando os tecidos ao seu redor. Experimente com imagens diferentes até encontrar aquela que ressoa melhor em você.

Este exercício tem sido muito útil para mim, bem como a meus pacientes e alunos. Aprendi a primeira parte do exercício do dr. Simonton e acrescentei uma sentença do que aprendi do Chi Gong mestre dr. Zengo Yaul. Também acrescentei imagens baseadas no *feedback* que recebi de alunos, imagens que os ajudaram (bem como a mim) a sentir que algo estava acontecendo por dentro. Quando eu estava lutando contra o câncer, pratiquei esse exercício diariamente. Agora me concentro nele durante algumas semanas ou meses para manutenção.

Exercício: Visualização para autocurar a doença

Para curar a doença, visualize e repita os oito passos a seguir:

1. Minhas células brancas do sangue são fortes, saudáveis, numerosas e um símbolo meu. São ativas e inteligentes. Identificam facilmente qualquer célula doente e com um leve toque injetam enzimas dentro delas.

2. As paredes de células doentes entram em colapso ou voltam a ser células normais. As células doentes são fracas, confusas, deformadas que facilmente revertem sua estrutura para células normais com a energia do amor.

3. Eu me concentro nelas. Posso vê-las como uma mensagem de amor, me dizendo para viver minha vida mais alegremente. Posso ver como as mudanças que fiz em minha vida me serviram bem.

4. Minhas células brancas do sangue sabem como curar as células doentes. Como um exército de deuses e deusas, elas acariciam as células doentes com amor, suavizando-as com um bálsamo divino que as ajuda a voltar a serem saudáveis. Ou as paredes das células se desintegram e os destroços são eliminados pela urina e pelas fezes. Células novas, saudáveis e radiantes emergem em seu lugar.

5. Imagino o tumor diminuindo de tamanho quando me concentro nele com a luz do meu olho interior. Imagino essa luz agindo como um raio laser direcionado ao tumor.

6. Eu o vejo tornando-se muito macio e então se desmanchando em pequenos pedaços até que se torna líquido. Eu lavo esse líquido com a água pura da primavera. O líquido misturado com água sai pelos poros de minha pele e através da minha urina. A Terra o está recebendo com amor como um fertilizante.

7. A energia do amor está preenchendo o espaço vazio em que o tumor estava localizado. Flores nas cores do arco-íris, representando as virtudes da alegria, sabedoria, harmonia, amor e paz estão crescendo na área onde estava o tumor.

8. A área agora aparece curada e perfeita, brilhando e vibrando com saúde.

Ajudando a aliviar os efeitos colaterais da quimioterapia e da radiação

Para ajudar a aliviar os efeitos colaterais da quimioterapia e da radiação, repita e visualize as sete afirmações a seguir:

1. O tratamento médico é meu amigo, meu aliado, me ajudando a curar qualquer célula cancerosa.
2. Minhas células saudáveis são sábias e muito espertas. Sabem não permitir a entrada de substâncias químicas. Sabem como não absorver essas substâncias.
3. Elas sorriem e gentilmente direcionam as substâncias químicas para as células doentes.
4. As células doentes absorvem as substâncias químicas e se desintegram.
5. A quimioterapia ou a radiação penetra somente as células doentes, eliminando-as.
6. Novas células saudáveis e felizes nascem em seu lugar.
7. Meu corpo está ficando mais forte e saudável a cada dia.

Autocurar tumores

Este exercício é especificamente para curar tumores – cancerosos, fibrosos ou qualquer crescimento que se deseje eliminar do seu corpo. Corpo, mente, emoções e espírito estão inter-relacionados. Se uma parte está fora de equilíbrio, todo o sistema é afetado. Preste atenção nas áreas de seu corpo que estão implorando por amor. Envie amor, reconhecimento, apreciação e cura a essas áreas ao longo do dia, todos os dias, sempre que se lembre. Aprenda a escutar as mensagens que elas lhe dão. Se você tem dor, recomendo praticar também o exercício para aliviar a dor.

Exercício: Visualização para diminuir tumores

Para diminuir seu tumor, siga os cinco passos a seguir:

1. Imagine quando você sentiu um forte amor por alguém e/ou de alguém. Recrie essa experiência e sinta aquelas emoções agora. Sinta as sensações do amor em seu coração. *Este é o combustível que ajuda a curar tumores e outros sintomas.*

2. Imagine que pode inspirar e expirar através do tumor – como se cada célula fosse porosa e pudesse respirar. Quando você inspira, os poros se abrem inalando amor na forma de oxigênio dentro do coração das células. Quando você expira, os poros espremem fora quaisquer resíduos, transmutando toxinas no divino elixir do amor. Dê a sugestão a essa energia do amor para gentilmente engolfar o tumor.

3. Trave um diálogo com a parte do seu corpo que contém o tumor. Por exemplo, você pode perguntar: "Qual é a sua mensagem? Que pensamentos subconscientes você está refletindo?" Ouça a resposta do corpo. Pensamentos podem aparecer em imagens do que o torna infeliz na vida. A maioria das pessoas fica presa a crenças do tipo "Se eu tivesse mais ________________ (preencha o espaço com alguma coisa, como saúde, força, amigos, dinheiro, alguém que me amasse etc.), seria feliz". Essa crença leva à frustração e o faz ser rude consigo mesmo injustamente.

4. Você pode desejar tomar uma nova decisão como: "Estou disposto a experimentar com sentimento alegre se mais ____________________ (preencha o espaço) aparecer na minha vida ou ter já aparecido". Por exemplo:

"Obrigado por me mostrar que estou fora do equilíbrio em meus pensamentos. Envio a você vibrações de amor curativo por me mostrar o caminho. Aceito a mim mesmo como sou e estou disposto a ser mais e mais delicado, gentil e compassivo comigo a cada dia, a cada momento, a cada respiração. Lavo meu tumor com amor divino. Aceito uma nova realidade de ser adorável e nutrido da divina graça". Você pode querer acrescentar qualquer coisa que eleve sua felicidade a vibrações mais altas de saúde e vida abundante.

5. Imagine raios de luz azul, agudos como raio laser, dissolvendo o tumor enquanto ele se torna amor líquido. Sinta esse líquido ser eliminado e lavado através da urina e das fezes.

Continue repetindo esse exercício três vezes por dia, após relaxamento profundo em adição ao exercício de respiração autocurativa.

Curar usando auto-hipnose

O próximo exercício é útil na cura do câncer e outras doenças, e para mudar velhos padrões de pensamento em padrões curativos. Esse exercício pode ser usado para transformar o medo da doença na alegria de estar livre dela.

Exercício: Auto-hipnose para curar

Para curar a doença e mudar maneiras limitadoras de pensar com auto-hipnose, siga os quatro passos a seguir:

1. Feche os olhos e entre em estado de profundo relaxamento. Imagine uma tela em branco à sua frente. Conte de trás para a frente de 50 para zero, entrando mais

profundamente em relaxamento, relaxando mais e mais a cada número contado.

2. Quando alcançar o zero, imagine-se na tela da maneira que deseja ser: saudável, mais radiante, mais alegre, mais tranqüilo, mais energético, mais produtivo, mais criativo, mais amável, mais digno de amor, mais forte.

3. Repita suas novas decisões curativas 20 a 30 vezes, sentindo sincera e profundamente cada palavra no âmago do ser.

   Por exemplo: "Agora sei que mereço ser bem-sucedido em curar meu corpo. Eu agora sou dono do poder de me sentir bem disposto interiormente. O que quer que aconteça do lado de fora, estou no comando dos meus pensamentos e sentimentos. Escolho sentir ____________ (preencha o espaço com calma, quietude, sorrisos, alegria etc.)".

4. Para curar a doença:

   a. Repita: "Minhas células brancas do sangue são ativas e numerosas, um exército de anjos inteligentes, fadas ou gatinhos (use qualquer imagem que apele para você), vagando através do meu corpo e facilmente identificando cada célula doente. Com um leve toque, injetam enzimas dentro das células doentes. As paredes dessas células entram em colapso ou voltam à saúde. Os refugos são esgotados através dos sistemas do corpo, filtrados pelo fígado e rins e então lavados através da urina e das fezes".

   "Minhas células saudáveis são muito inteligentes, um símbolo meu. Minha alegria e entusiasmo são comunicados instantânea e diretamente a todas as células do meu corpo. Humildemente peço perdão às minhas células por tratá-las com menos que a alegria e o respeito que merecem. Perdôo a mim mesmo e peço por mais alta sabedoria para ajudar a me aceitar sinceramente. As células reagem assumindo sua perfeição, funcionando deliciosamente em harmonia, cooperando e colaborando com todos os sistemas no meu corpo. Meu sistema imune é avivado e fortalecido. Meu mecanismo natural de cura corporal é ativado e a sabedoria interior me guia na direção do bem-estar."

"Meu corpo sabe como restaurar a si mesmo. Quanto mais sinto alegria, amor e harmonia, com mais saúde e vitalidade meu corpo reage. Procuro por um completo envolvimento com a vida. Quanto mais entusiasmo e paixão sinto pela vida, mais alegres se sente meu corpo e mais rápido o mecanismo de cura é estimulado a agir e dominar. Rendo-me a essa sabedoria. Honro, respeito e protejo minhas decisões curativas que ajudam essa ativação curativa. Amo a mim mesmo completamente, absolutamente. Sinto-me seguro, protegido, confortável, calmo, cheio de prazer. Sinto reverência por essas poderosas energias. Eu as alimento e nutro, diariamente, alimentando-as com meu amor, compassivamente."

"Meu poder curativo cresce e floresce cada vez que pratico isso. Sua potência se multiplica abundantemente. Estou excitado por aumentar meu bem-estar e me sinto grato pelo tempo e energia que investi nisso. Minha saúde saiu ganhando. É meu direito de nascença natural ser saudável, tranqüilo e pleno de alegria. É o que a vida pretendeu para mim. Tenho o direito de experimentar um radiante bem-estar."

b. Pergunte ao seu médico interior: "Mostre-me o que preciso saber e fazer para ficar bem".

c. Fique quieto e escute as reações dentro do seu corpo. As respostas estão sempre lá, tão logo faça as perguntas. Quando a mente estiver calma e silenciosa, você ouvirá as mensagens. O problema é que nossas mentes estão sempre tão ocupadas com acontecimentos externos, pensamentos, preocupações e apreensões que não podem sempre escutar as respostas. Tire um tempo diariamente para aquietar sua mente.

Aliviando a dor

O câncer e muitas outras doenças são freqüentemente associados à dor. Ter um exercício para aliviar a dor enquanto você está se curando é essencial. Pessoas têm sido capazes não somente de controlar a dor do câncer, mas também dores de cabeça, enxaquecas, dor nas costas, dor emocional e tensão nervosa usando o exercício de alívio da dor que se segue. Algumas pessoas têm sido capazes de livrar-se de suas dores em poucos minutos após fazer esse exercício. Outras precisam praticá-lo por mais tempo.

Exercício para aliviar a dor

Para aliviar sua dor, siga os 12 passos a seguir:

1. Feche os olhos; com seu olho interior, olhe para a área da dor. Dê uma medida para a dor, de zero a dez. Zero significa ausência de dor e dez, dor severa.

2. Agora, sinta as sensações em seus olhos. Apenas imagine as sensações que sente dentro e em volta dos seus olhos. Qualquer coisa que venha para você está bem. Não existe maneira certa ou errada de fazer isso. *Apenas*

concentrar sua atenção faz a diferença. Aperte os músculos dos olhos. Sinta sensações de tensão e então os relaxe. Perceba as sensações que tem quando os olhos estão relaxados. Concentre sua atenção no rosto, na cabeça e na garganta, e sinta as sensações enquanto tensiona aqueles músculos. Tensione os músculos do queixo, cerre os dentes e aperte os lábios. Agora os relaxe. Deixe a tensão ir embora e sinta as sensações de relaxamento no queixo, rosto, pescoço e cabeça.

Sinta as sensações em suas mãos. Sinta as sensações em seus pés. Sinta as sensações em seus membros. Sinta as sensações em seus ombros. Sinta as sensações em seus braços. Sinta as sensações em seus dedos dos pés. Sinta as sensações em seus joelhos. Sinta as sensações em seu abdômen. Tensione o corpo inteiro. Sinta as sensações da tensão. Agora, relaxe o corpo inteiro. Sinta as sensações do relaxamento.

3. Sinta as sensações no centro de sua dor – seja ela física, emocional, mental, espiritual – qualquer dor ou pensamento desconfortável. Imagine que pode apertar sua dor e os músculos associados a ela. Concentre seu amor na dor e diga: “Está tudo bem, eu amo você”. Vibre a palavra “amor” no centro da dor. Imagine um amor líquido que possua qualidades suavizantes e medicinais derramando-se no centro da dor. Esse líquido curativo interage com ela e a absorve.

4. Sinta a sensação dos músculos em volta da dor e permita-os relaxar. Sinta o amor líquido penetrar a área da dor. Permita ao sangue fluir nesta área abrindo-a, imagine que pode abrir esta área. Respire dentro da área da dor. Relaxe os músculos por dentro e em volta da dor. Imagine um espaço se abrindo nesta área para a energia

fluir. Relaxe suas veias e artérias. Imagine seu sangue se tornando amor líquido e fluindo para aquela região. Relaxe o centro da dor ou o coração da dor, onde está mais ferido.

5. Dialogue com a dor: "Qual é a sua mensagem? Eu realmente quero saber. O que você está me protegendo de pensar? Quais são os pensamentos que são tão dolorosos que a dor física lhes é preferível? Eu agora estou disposto a enfrentar esses pensamentos".

6. Fique quieto e ouça as respostas. Por enfrentar esses pensamentos você pode agora usar sua sabedoria para mudá-los. Você precisou da dor para proteger-se como um mecanismo de sobrevivência. Agora é seguro conhecer aqueles pensamentos. Você agora tem as ferramentas para curá-los.

7. Sinta a dor, exagere-a e permita-a se espalhar. Pode parecer-lhe que a dor esteja piorando. Não tenha medo de senti-la tão completamente quanto possa. Você a está fazendo pior para realmente permitir que seja sentida. Imagine a dor derretendo-se em um líquido e evaporando e tornando-se um raio de amor como luz brilhante. Permita ao raio de amor como luz brilhante se espalhar através da sala onde você está, através do mundo, através do universo.

8. Liberte-a no universo como amor. *Você está modificando as moléculas apenas com sua mente*. Tudo o que tem a fazer é dizer: "Transmute a dor em amor. Transforme a dor em amor. Transforme-a em vibrações de amor. Evapore-a para um raio de amor como luz brilhante. Veja as moléculas, os elétrons e os nêutrons todos mudando em vibrações de raios de amor e luz. Visualize a luz se

espalhando em volta, liberando algo, qualquer dor interna, evaporando-a, transformando-a e curando-a. Ela se torna como belas estrelas rodeando o universo".

9. Cada vez que exalar, sopre o ar com a dor evaporando-a em amor – como se o corpo fosse uma máquina de transmutar que tem o poder de transformar dor em prazer e amor.

10. Agora traga de volta os raios do amor ao seu corpo, dentro do centro da dor. Ancore os raios dentro de uma bola de luz brilhante; sua dor agora é como um Sol brilhante irradiando calor e amor em todas as direções. Imagine a luz do Sol exterior conectando-se à luz do Sol interior, alimentando sua dor com um constante fluxo de luz.

11. Dê uma nota para a dor de zero a dez. Zero significa ausência de dor; dez, dor muito severa. Percebe alguma mudança desde que começou o exercício?

12. Continue fazendo esse exercício: aberto para o universo enquanto inala absorvendo energia curativa do amor em seu corpo. Então exale, expulsando o ar de dentro de você, transmutando-o, liberando-o, evaporando toxinas para o amor. Volte de novo para o centro profundo da dor. Tensione e contraia sua dor e seu corpo, então relaxe. Abra e expanda, transmutando e liberando. Abrindo, transmutando, liberando e voltando. Geralmente, dentro de 5 a 10 minutos, acontece uma mudança – a dor diminui e freqüentemente desaparece. Praticando, será cada vez melhor. Continue expandindo e contraindo em seu próprio ritmo.

Liberando o cansaço

Toda a tagarelice que temos em nossas cabeças é na maior parte sem sentido e drena nossa energia. A perda de energia causada por esse constante diálogo interno é que nos faz sentir cansados. E quando estamos cansados, é fácil desistir e não fazer os exercícios que nos devolverão a saúde.

Para nos livrar desse tagarelar cansativo, precisamos primeiro identificá-lo. Aprenda a prestar atenção, a perceber quando ele começa na sua cabeça. Seja uma testemunha silenciosa. Não julgue, identifique ou se agarre a seus pensamentos. Não lhes dê energia acreditando neles. Eles meramente mostram-lhe o que está acontecendo em seu subconsciente, os pensamentos que o estão impedindo de ser saudável, livre, radiante e alegre. Também não os force a sair. Gentilmente deixe-os passar, como nuvens que aparecem e desaparecem em sua mente. Mude seu foco para sensações de calma em sua respiração. Manter um estado de vazio interno é o melhor para recarregá-lo. Estar vazio é muito delicioso, mágico e energizante.

Outra maneira de calar o tagarelar constante, liberar o cansaço e recarregar é tentar predizer o que sua mente pensará em seguida. Isso permite calar o falatório mental.

Exercício para liberar o cansaço

Para livrar-se do cansaço, siga os nove passos a seguir:

1. Feche os olhos e concentre-se em sua respiração. Ligue o inalar com o exalar e o exalar com o inalar, como se tudo fosse uma longa respiração sem intervalos no meio.

2. Agora, concentre-se em uma cor. Para o cansaço, geralmente uso a cor laranja. Use a cor de sua escolha. Inspire vagarosa e confortavelmente, e, enquanto exala, deixe seu corpo inteiro relaxar como se estivesse afundando no chão. Fique muito calmo e quieto.

3. Imagine que está inspirando em sensações de estar amando. Essa energia do amor penetra as moléculas do cansaço – interage quimicamente com elas – transformando-as no divino néctar do amor, como se você estivesse inalando o incenso do amor. Aaaaaah... bom.

4. Agora se concentre em seu coração. Ponha suas mãos sobre ele. Sinta sua vibração; sinta-o bater. Como a cor vermelha ajuda a curar o coração imagine luz vermelha, vermelho-fogo, consumindo o cansaço ou as energias dolorosas. Faça o som curativo – *HA* – quando exala para destruir qualquer ferida, mágoa, dor ou desarmonia em sua vida. Haaaaaa. Imagine tudo isso saindo do alto de sua cabeça, como fumaça. Haaaaaaaa. Use um tom mais alto. E de novo, mais uma vez: Haaaaaa. Bom.

5. Agora, olhe dentro do seu coração com uma grande lanterna. Veja se existe alguma área escura – algum resíduo de dor, sofrimento, desconforto ou qualquer pessoa que feriu você no passado. Usando a imaginação, convide esta pessoa para dentro de sua sala agora e diga alto o que está sentindo. Diga-lhe diretamente.

6. Permute amor das mãos para o coração e do coração para os pulmões, sentindo o fluxo. Preste atenção a esse fluxo de amor. Ele é o seu guia. Esses são seus sinais. Se nada está acontecendo, aumente a velocidade de sua respiração. Faça o som curativo, haaaaa, haaaaa, haaaaa, e respire pela boca, acelerando o inalar e exalar. De vez em quando, por cerca de dez vezes, permita ao haaaaaaaaaa ser muito mais comprido e deixe-o sair muito devagar.

7. Enquanto libera qualquer energia aderida ao coração, qualquer tensão, qualquer estresse, continue perguntando:

"O que você está sentindo, coração querido? Qual a dor que você está segurando? Do que você precisa?". Ou qualquer questão que surja em sua mente. Ao mesmo tempo diga-o em voz alta ou para si mesmo qualquer coisa que ache certo. Mantenha a conexão do coração com a respiração. Respire dentro do coração e libere qualquer mágoa que ficou do passado e novamente diga em voz alta qualquer coisa que lhe venha à cabeça.

8. Quando se libera velhos sentimentos, é importante preencher este espaço com novos sentimentos. De outro modo, fica um espaço vazio. Agora, preencha o coração com amor, alegria, compaixão e graça. Crie uma imagem de felicidade e renda-se a essa imagem. Preencha seu coração com essa felicidade, com bons sentimentos, com êxtase.

9. Converse com seu coração e expresse-lhe sua gratidão por ele, pelos serviços prestados por tantos anos. Veja-o abrir-se e florescer como uma bela flor. Imagine que pode sentir seu perfume, a fragrância da flor. Novamente, diga o som curativo, haaaaaa. Diga: "Eu te bendigo, coração; te bendigo. Obrigado, obrigado, obrigado, coração. Eu te bendigo, coração. Você é um bom coração". Mais uma vez, faça o som, haaaaaaa. Imagine que seu coração está se abrindo. Que está florescendo como uma rosa. Toque sua veludosa textura. Veja se pode sentir o perfume da rosa em seu coração.

Aquietando a mente

Existe um constante tagarelar em nossas mentes. Escutemos ou não, as vozes continuam contando suas estórias. Essas estórias continuam a drenar nossa valiosa energia. Elas são desprovidas de significado e precisam ser silenciadas. Você pode aprofundar sua capacidade de aquietar a mente. Numerosos estudos e pesquisas provaram o valor de aquietar a mente. Quando a mente está quieta, o corpo relaxa naturalmente e sentimentos de paz nos envolvem. *Sentir paz é um dos elementos-chave necessários para estimular nosso corpo a se curar.*

É preciso atenção concentrada para aquietar a mente. Uma maneira é sentar-se silenciosamente e ouvir os próprios pensamentos. Outra maneira, como foi mencionado antes, é tentar imaginar qual será o próximo pensamento que virá. Veja se pode predizê-lo. Você perceberá que é capaz de manter sua mente quieta por períodos cada vez mais longos dessa maneira.

Existem muitos métodos para aquietar a mente. Um que ajudou a mim e a meus alunos é concentrar-se nas palavras "meu bem amado", ou no nome de Deus – qualquer que seja o nome que existe em seu coração – e repetir essas palavras mais e mais internamente com sinceridade. Coloque as mãos sobre o peito, perto do coração, enquanto repete as palavras. Algumas pessoas acham que ajuda a conectar-se a Deus ou a um poder mais alto que esteja próximo a seus corações. Outras acham de mais ajuda concentrar-se em sua criança interior que foi ferida e precisa de amor para sentir-se bem por dentro. Use qualquer imagem que funcione para você. Com prática, a experiência cresce em significado e a mente aprende a ficar quieta.

Quando estamos quietos, somos capazes de ouvir a sabedoria interior, o médico interior que sabe o que precisamos fazer para melhorar nossa saúde. Tenho praticado esse exercício milhares de vezes, e em quase todas as vezes me sinto transportada a novos sentimentos de delícia e a novas profundezas de paz.

Exercício para aquietar a mente

Esse exercício diário é melhor praticado com estômago vazio – antes do café da manhã ou antes do jantar –, por 20 a 30 minutos, duas vezes ao dia. Os benefícios são cumulativos. Alguns estudos indicam que 20 minutos em profundo silêncio é equivalente a oito horas de sono profundo.

Para aquietar a mente, faça os sete passos a seguir:

1. Crie um espaço silencioso onde não seja interrompido ou distraído por chamadas telefônicas. Coloque um aviso “não perturbe” em sua porta ou qualquer coisa que funcione para você. Descubra uma posição confortável para sentar ou deitar.

2. Inspire vagarosa, suave e profundamente sem esforço. Coloque as palmas das mãos no peito sobre o coração. A cada exalar, permita a seu corpo relaxado afundar na cadeira ou na cama. Concentre sua atenção nas narinas. Quando você inspira, elas se sentem um pouco frias e secas; quando expira sente nas narinas um ligeiro calor e umidade.

3. Localize um lugar dentro do seu corpo em que sinta perfeita paz, perfeita calma, como um profundo oceano onde não existe movimento. Permita a essa sensação de calma se espalhar por seu corpo célula por célula, até você sentir a paz dissolver-se na quietude do seu amor.

4. Quando os pensamentos passarem por você, observe-os como imagens em uma tela de cinema. Então, convertaos em energia de amor. Repita internamente: “Meu bem amado, ajude-me a estar só com você, apague de mim essas imagens. Amor é como eu conheço você, quero conhecer você”. Não identifique ou julgue os pensamentos como bons ou maus. Seja uma testemunha silenciosa. “Aha, então isso é o que é ser um ser humano chamado [seu nome]; estes são os pensamentos que passam pela minha cabeça.” Então volte a concentrar-se na respiração e no seu bem-amado, repetindo internamente “meu bem amado”, gentil e vagarosamente.

Não force os pensamentos a sair. Permita-os fluir para fora de sua consciência enquanto se concentra em sua respiração e nas sensações de bem-estar fluindo através de você. Pensamentos o impedem de sentir. Quando você concentra sua atenção na respiração e em sentir as sensações de amor em seu corpo, os pensamentos que o distraem desaparecem.

5. De tempos em tempos, concentre-se no sentimento de amor pelos outros. Lembre das pessoas que você ama, amou e tenha amado. Traga essas pessoas para dentro da sala usando sua imaginação. Sinta a intensidade do amor crescendo, sinta o partilhar, o carinho e desfrute-os.

6. Continue concentrando-se nas sensações prazerosas de sua respiração enquanto inala e exala. Perceba como a respiração se torna suave e quieta, de tal modo que você dificilmente consegue ouvi-la. Mantenha o fluxo de sua respiração sem pausas, intervalos ou solavancos.

7. Continue por sua conta o resto do período dessa prática ou até que deseje voltar à completa consciência desperta. Sempre deixe alguns minutos no final do exercício para não fazer nada, para descansar, para banhar-se em sensações de prazer. Observe os efeitos benéficos desse tempo quieto em seu sistema, seu corpo, mente, emoções e espírito.

Ativando a reação orgasmo-hipotalâmica

Nossos corpos são milagrosos. Tudo de que precisamos está dentro do corpo. Como mencionei na Parte I, grande número de médicos, como Deepak Chopra, diz que todos os remédios de que precisamos estão dentro dos nossos corpos. Podemos manufaturar tudo de que precisamos. Por exemplo, pela estimulação do hipotálamo, podemos liberar hormônios e químicas que estimulam as glândulas pituitárias a liberar seus próprios hormônios e químicas, que estimulam as glândulas ad-renais a liberar suas químicas que fortalecem o sistema imunológico.

Em *Psychology 101* (livro-texto de psicologia básica para consulta on-line), aprendemos sobre o hipotálamo, que é uma pequena parte do cérebro localizada no centro da cabeça. Estudos foram feitos onde experimentadores estimularam uma certa porção de hipotálamo em ratos e estes experimentaram prazer intenso. Na realidade, tiveram reações orgásticas e amaram tanto isso que preferiam a estimulação à comida. Alguns preferiram as sensações prazerosas à comida até a inanição e a morte. Um participante de um seminário meu disse: "Que maneira de morrer; prefiro morrer de prazer que de câncer".

Enquanto estava no processo de cura, aprendi como estimular o hipotálamo pela vibração de certas palavras enquanto colocava minha atenção concentrada naquela área do cérebro. Usando imagens e imaginação, veria belas palavras florescendo como flores exóticas. Subitamente sentiria químicas sendo liberadas e ouviria todo meu corpo sentindo, "Ah, como isso é belo". Sentia-me realmente bem.

Pesquisas indicam que o hipotálamo tem um importante papel na saúde do corpo. Essa glândula pode não somente suprimir o sistema imunológico, criando doença, como fortalecê-lo criando saúde – *tudo dependendo de como nos sentimos*.

A página 17 do *The getting well Audio program guidebook* afirma:

> "Primeiro, parte do hipotálamo – essa parte mais responsiva ao estresse humano emocional – participa do controle do sistema imunológico. Segundo, o hipotálamo tem um papel crítico em regular a atividade da glândula pituitária, que por sua vez regula o resto do sistema endócrino com seu vasto espectro de funções de controle hormonal por todo corpo."

> "(...) a evidência sugere que o hipotálamo, reagindo ao estresse, estimula a glândula pituitária de tal maneira que o equilíbrio hormonal do corpo – mediado pelo sistema endócrino – muda. Isso é particularmente significante desde que um desequilíbrio nos hormônios adrenais tem sido relacionado a uma suscetibilidade maior a substâncias carcinogênicas".
>
> "O resultado desse desequilíbrio hormonal pode ser uma produção maior de células anormais no corpo e o enfraquecimento da capacidade do sistema imune em combater essas células".

Como mencionei no Capítulo 1, a pesquisa indica que quando sentimentos de estresse emocional são substituídos por sentimentos que nos dão prazer, a supressão do sistema imune pode ser revertida.

The getting well audio program guidebook continua a explicar na página 20:

> "Uma vez que esses sentimentos são gravados no sistema límbico, mensagens são enviadas ao hipotálamo refletindo o estado emocional alterado (...)"
>
> "O hipotálamo em resposta reverte a supressão do sistema imune, de modo que as defesas do corpo uma vez mais se mobilizam contra as células anormais."

A reação orgasmo-hipotalâmica é muito curativa porque libera remédios, químicas e sentimentos de bem-estar que fluem por todo o corpo fortalecendo o sistema imune. Como ela manda embora nossas tensões e preocupações podemos relaxar e ativar a reação de prazer e felicidade. Então, a energia de cura flui.

São nossos pensamentos, e os sentimentos que eles evocam, que influenciam nossos sistemas nervoso e imune. Você é livre para escolher os pensamentos que acredita e que o fortalecerão. Pensamentos que produzem sensações prazerosas são bons para nós. Harmonia e gratidão, alegria e amor são energias que nos liberam da doença.

Você pode escolher liberar a dor e a pesada bagagem que tem carregado nos ombros todos esses anos e que o fizeram se sentir mal por dentro. Sentir dor e sofrimento é como um vício. É um aprendizado errôneo do nosso passado e da nossa sociedade. Torne o sentir-se disposto uma alta prioridade, livre do que os outros pensam sobre você.

Temos carregado problemas dos outros nos ombros em vez de colocar todo nosso foco em nossos sentimentos de bem-estar que nos criarão uma saúde melhorada. Quando nos preocupamos com os outros, interferimos em sua jornada. Nossa preocupação contribui para as percepções negativas que eles têm de si mesmos e os estamos retendo em vez de permitir que cresçam ao seu inteiro potencial. Mas quando vemos a magnificência nos outros – e em nós – no lugar de limitações, estamos livres para florescer, cada um da sua própria maneira. Descubra formas de sentir-se bem disposto.

Quando sentimos e liberamos essa energia de sentir-se mal, ela dissolve a obstrução da energia, o bloqueio causado pelas emoções que estavam presas. Você pode derreter ou evaporar essa carga, permitindo-a dissipar-se na luz. Permita-se ser quem realmente é profundamente – cheio de bondade, amor e alegria. Abraçar e sentir essa verdade é a abertura para o prazer e o caminho para a saúde.

Quando pratico o exercício da reação orgasmo-hipotalâmica sinto profundo amor por mim mesma. Não preciso, nem quero, nada de fora. Sinto-me preenchida e satisfeita. Energias orgásmicas cósmicas começam a fluir através de mim verdadeiramente extraordinárias e parecem liberar energias medicinais dentro de mim. Meu corpo recupera nova vitalidade. Experimento uma nova expansão de saúde, consciência e felicidade. Pulo de alegria fazendo qualquer tarefa que está na frente. Pareço jovem e brilhante.

Quando isso acontece, parece a maior elevação que experimentei. Cada vez alcanço uma nova elevação.

Descobri que a energia orgásmica tem propriedades medicinais surpreendentes que ajudam a curar, rejuvenescer e recarregar o sistema corporal. Descobri que a energia do prazer pode ajudar a acelerar o processo de cura. Nova eletricidade desenvolve-se das energias combinadas do prazer e do amor.

Exercício: Ativando sua reação orgasmo-hipotalâmica

Para liberar os benefícios de cura de sua reação orgasmo-hipotalâmica, siga os 15 passos a seguir:

1. Feche os olhos e inspire na antiga vibração de amor profundamente em seu coração. Expire o mais alto amor para seu corpo e o espaço ao seu redor. Faça isso três vezes.

2. Concentre sua atenção no hipotálamo, localizado no centro da cabeça. Sinta a vibração da palavra "prazer" enquanto repete isso no centro do hipotálamo várias vezes. Então, sinta a vibração da palavra "bênçãos" enquanto repete isso no centro do hipotálamo várias vezes.

3. Imagine o hipotálamo atraindo luz brilhante do Sol quando inala. Imagine que o hipotálamo agora se torna um pequeno Sol irradiando luz e amor do seu centro. Um halo de luz amorosa brilha intensamente ao seu redor enquanto ele libera químicas e hormônios dentro da corrente sangüínea e diretamente para a glândula pituitária (localizada próxima ao hipotálamo) na forma de luz brilhante, emitindo sensações de prazer. A glândula pituitária recebe essa luz brilhante com a mensagem de prazer e é transformada em uma Lua brilhando. O Sol como hipotálamo e a Lua com a glândula pituitária

trocam vibrações prazerosas de amor bem como se unindo em amor ao bem amado.

4. Enquanto continua a repetir as palavras "prazer" e "bênçãos", sentindo as vibrações de energia amorosa, observe como as sensações de prazer crescem dentro de você. Autorizada pelo hipotálamo como um Sol brilhante, a pituitária, a glândula mais importante a supervisionar as funções dos principais sistemas do corpo, libera suas poderosas químicas. Um halo brilhante de luz amorosa irradia sua mensagem de prazer e bênção para o sangue e diretamente para as glândulas ad-renais que se situam sobre os rins – quando as químicas do prazer e do amor fluem adiante.

5. Continue repetindo e experimentando a energia prazerosa do amor enquanto repete as palavras "prazer" e "bênçãos" internamente. As glândulas ad-renais recebem essas químicas do prazer através da luz brilhante, da corrente sangüínea e da conexão direta com a pituitária. As glândulas ad-renais se tornam luas radiantes com um halo de luz amorosa rodeando-as como uma aura de prazer. Os rins recebem esse prazer na forma de luz radiante e florescem como vários sóis brilhando, formando um halo de luz amorosa e prazerosa em volta deles. As ad-renais liberam suas poderosas químicas que fortalecem o sistema imune e acalmam o sistema nervoso permitindo-o funcionar harmoniosamente com as energias de luz amorosa e prazerosa. As ad-renais e os rins se apaixonam um pelo outro e trocam amor.

6. Continue repetindo as palavras "prazer" e "bênçãos" internamente vibrando essa energia no coração e nos pulmões. Todas essas luzes brilhantes do prazer e do amor são transmitidas ao coração quando um novo Sol emerge

no coração e troca amor com os pulmões. As energias do amor, prazer e bênção se fundem no coração e nos pulmões como um Sol maior que emerge das energias combinadas na troca de amor.

7. Imagine que seu sangue se transforma em prazer líquido e imagine o amor alimentando amorosamente as células com as propriedades medicinais das químicas curativas liberadas. Os bilhões de células recebem as mensagens de prazer, amor e bênçãos enquanto transformam sua estrutura em saúde radiante por todo o corpo. Os códigos do DNA e do RNA se tornam pequenas luas irradiando prazer e amor orgásmico com os cromossomos, núcleos, prótons, nêutrons e elétrons das células que, por sua vez, são transformadas em luas e sóis radiantes, se unindo em amor uma pela outra.

8. Imagine os órgãos e as glândulas por todo o corpo luzindo com alegria, apaixonados uns pelos outros e fazendo amor. A língua animando-se quando as energias do prazer, amor e bênçãos se combinam com a saliva para se tornar no elixir de néctar divino emitido pelo fazer amor da língua com os dentes e a boca. Quando você engole esse elixir, ele se transforma em um linimento que lubrifica e cura os sistemas do seu corpo. Seus olhos e ouvidos tornam-se cheios de vida fazendo amor uns com os outros.

9. Quando você continua repetindo as palavras "prazer" e "bênçãos" internamente com sinceridade, seu cérebro fulgura e se torna o centro de um grande Sol fazendo amor com os órgãos internos do seu corpo que tem também transformado em muitos sóis brilhantes. Seu corpo inteiro se torna um grande Sol com um halo de esplendor, luz amorosa rodeando-o, projetada por milhas à sua volta.

10. Imagine as células do seu corpo, como bilhões de *você* em miniatura, desabrochando em belas flores, sorrindo para você enquanto recebem o calor do seu amor gerado de todas as partes do seu corpo. Quando a reação celular orgásmica é estimulada, todas as células recuperam sua perfeição. Elas voltam a irradiar saúde e a emitir perfumes de alegria, prazer, amor, harmonia, felicidade, paz, graça, humildade, saúde, vitalidade, entusiasmo, paixão, sabedoria e gratidão. O corpo é fortalecido e autorizado a ser saudável, criativo, produtivo e a desfrutar inteiramente a vida.

11. Agora se imagine comendo uma comida deliciosa. Desfrute cada bocado como se a comida estivesse fazendo amor com você e você se banhando nas vibrações do amor e amando comer aquilo.

12. Imagine o céu fazendo amor com a Terra e a Terra vibrando com sorrisos orgásmicos e fazendo crescer comida deliciosa com a qual alimenta você. Imagine a Terra fazendo amor com as árvores e o mar acariciando e fazendo amor com a areia.

13. Imagine que você é uma alma peregrina e o centro do seu peito é uma lua, irradiando luz gentil que se espalha por milhas à sua volta como um grande halo. Mude a luz de gentil e suave para brilhante e intensa para tornar-se um Sol e então voltar a ser uma Lua. A Lua espalha sua luz do centro do seu peito; então o Sol brilha sua luz intensamente. Imagine que você é um interruptor de luz, ligando e desligando, diminuindo a intensidade da luz e aumentando. Observe as sensações prazerosas que seu corpo emite.

14. Concentre-se na área que deseja curar. Estimule e vibre energias prazerosas nesta área. Envolva a área com puro amor. Visualize a área sendo curada, liberando qualquer energia estagnada que está sendo agora evaporada em amor. Visualize esta área recuperando sua perfeição natural, irradiando e brilhando com saúde.

15. Fique em silêncio e simplesmente observe as energias que estão brotando através de você em silêncio. Continue nesse estado por vários minutos.

Enquanto você anda pela vida, recrie essas sensações de prazer e amor. Viva por amor; desfrute unir-se em amor com a natureza e tudo o que existe. Caminhe em amor. Antigo e eterno, o amor é a energia mais curativa que existe. Toda vez que sentir vibrações negativas, padrões de pensamento dolorosos, repita as palavras: "Tudo é amor, tudo é bênção", para retornar a energia às vibrações de amor. Mesmo que não sinta isso no começo, isso cresce com a prática. Quanto mais você solidifica e mantém essas emoções de prazer e amor, mais saúde é gerada dentro de você.

capítulo 9

PASSO 6: USANDO A DÚVIDA PARA CRIAR CERTEZA

Certa vez encontrei-me com a enteada de uma princesa real que estava sofrendo de câncer no pulmão. Quando ela ouviu minha história de cura, implorou à princesa para vir se encontrar comigo. No início ela recusou, não queria considerar nenhuma abordagem alternativa ao tratamento médico. Finalmente, concordou com um encontro curto. Passamos uma hora juntas, o que fez reavivar sua esperança. "Gostaria de experimentar seu método", ela disse.

Trabalhamos juntas três horas por dia durante cinco dias. O seu marido e outros membros da família também participaram. Exploramos reações emocionais ao sucesso e fracasso, bem como padrões de pensamento herdados de seus ancestrais. Por exemplo, uma decisão tóxica subconsciente que tinha tornado difícil para ela viver plenamente e desfrutar sua boa sorte era: "Você tem que ser perfeita; não deve nunca nos criar embaraços".

Em nosso quarto dia juntas, ela me contou que estava triste porque o cachorro que tinham há muitos anos estava morrendo. "Nós o amamos muito. Ele é como um membro da família", disse.

"O que há de errado com ele?", perguntei.

"Ele tem grande tumor inoperável na cabeça. Gostaria que houvesse algo que pudéssemos fazer."

"Vamos todos nos dar as mãos e fazer uma cura para ele", sugeri. Todos deram as mãos e eu disse: "Estamos agora vibrando por este bem-amado animal para que possa recuperar a saúde perfeita". Eles repetiram as palavras depois de mim. Eu os instruí: "Sintam a sinceridade da sua disposição. Agora permitam a seu corpo e mente se tornarem muito silenciosos e quietos quando proferem as seguintes palavras: 'Se isso está de acordo com o mais alto bem para todos e tudo, com apenas boas conseqüências'".

"Agora criem a certeza de que esse precioso membro da família está curado e perfeito, brilhando e vibrando de saúde. Não tenham dúvidas; uma leve dúvida pode arruinar tudo. Vamos sentir a gratidão porque já está feito. E não fazer um grande menosprezo disso quando perceberem que ele está bem. Estejam totalmente certos de que está feito e dêem graças."

No dia seguinte, o cachorro estava bem; o grande tumor tinha desaparecido.

Um ano depois, recebi um fax da princesa dizendo: "Estou em boa saúde". Ela disse que o exercício mais poderoso para ela foi Criando Certeza. "Minha família agora cria certezas aonde quer que vamos", disse ela.

Duvide da dúvida

O Passo 6 usa suas dúvidas sobre cura para criar a certeza interior de que você *pode* se curar. Medo e dúvida são as emoções mais prevalentes no desafiar o câncer e outras doenças. Colocar a dúvida em dúvida para criar certeza provou-se muito útil para mim, bem como para meus alunos. "Você não acha que existe um grãozinho de possibilidade de que os médicos o tenham diagnosticado mal?", eu lhes perguntaria. Tão logo um aluno é capaz de dizer: "Existe essa chance, mas é improvável", eu os encorajaria a criar certeza visualizando o câncer indo embora, o tumor desaparecido, a água dos pulmões drenada ou qualquer que fosse o desafio que estavam enfrentando. "Ignore o diagnóstico", eu os encorajaria e a mim mesma. "Crie uma nova realidade, visualize-a da maneira que deseja ser e crie certeza. *É o sentimento de certeza que cria esse resultado no corpo.*"

Durante minhas horas mais escuras com o câncer, dúvidas corriam soltas. Tão logo o rosto de alguém mostrava a expressão "câncer é morte", minhas dúvidas de que poderia curar-me eram desencadeadas. Quando as dúvidas e o medo tomavam conta de mim, meus sintomas se tornavam piores e isso, em contrapartida, criava mais medo e dúvida. Era um ciclo vicioso. Quando parei a dieta da Comida Viva e o programa do suco de germe de trigo, meu medo de ter de ficar nisso pelo resto da vida era maior do que o medo de que se parasse com a dieta morreria. Ambos os medos me enfraqueciam.

Então achei que estava indo bem. Minha dor tinha diminuído, meus nódulos linfáticos estavam normais e o tumor tinha diminuído. "Estou na pista certa", assegurei a mim mesma. Estava me sentindo jubilosa, superativa e desfrutando da vida. "O câncer foi certamente uma bênção", pensava. "Ele me ensinou como ir em frente e sentir-me bem comigo mesma e com a minha vida."

Então, em momento algum me lembrava das palavras do médico, "Sim, é câncer. Você precisa ir já para o hospital ou isso logo acabará com sua vida". Ou me lembraria da observação de um parente bem-intencionado: "É muita ousadia sua não fazer quimioterapia. Quem você pensa que é?". Ou lembraria de uma observação acintosa, "Ela *acha* que pode se curar".

Ondas de medo começariam a passar por mim como uma forte corrente elétrica – todas as minhas dúvidas reapareciam. Eu diria a mim mesma: "Você está ficando maluca. Precisa fazer a cirurgia, a radiação, a quimioterapia. Isso não é uma brincadeira, você precisa seguir as recomendações do médico". Passava pela minha mente a imagem de uma amiga que morreu de câncer do pulmão depois de ter feito cirurgia e quimioterapia. Mais pensamentos e memórias de dúvida emergiam.

Antes que eu percebesse, comecei a sentir estranhos sintomas uma vez mais. "Aqui está, meu câncer está de volta ou realmente nunca me deixou. Eu me iludi." Começaria a me sentir tão mal que rapidamente meu corpo se deterioraria – ele estava decaindo diante dos meus olhos. Quase acreditei que não havia nada que eu pudesse fazer para reverter isso. "Tentei tudo e nada realmente funcionou", decidi.

Muitas velhas atitudes doentias reapareceriam, como um padrão de encontrar coisas para me culpar. "Não sorri para aquela pessoa", "Deveria acabar com isso", "Deveria ter sabido melhor", e assim por diante. De algum modo, pensava que os problemas dos outros eram culpa minha. Um velho conflito com uma amiga que estava enfrentando uma doença cardíaca passou-me pela mente. "Eu não deveria ter esse pensamento. Quem sabe se eu não estava enciumada e por isso sua saúde está combalida." E assim por diante.

Minha situação ficou pior. Sentindo-me desesperada, desalentada e desamparada, me lembrei do meu sábio *self* interior. "Mostre-me o que preciso saber e fazer", perguntei-lhe.

Ele me disse: "Pratique o que ensina, duvide da dúvida".

Percebi que enquanto me concentrava nessas palavras, meu corpo começara a relaxar. Compreendi a mensagem que o corpo estava me dando. "Este é um sinal do seu sábio *self*." Meu coração pulou de alegria, sentindo esperança uma vez mais.

Meu *self* sábio continuou: "Não acredite em tudo o que escuta. Você não tem que fazer nada se não está disposta".

"Que alívio!", suspirei profundamente. "Posso escolher acreditar no que me faz sentir disposta, amorosa e alegre."

Então desafiei cada dúvida, coloquei em dúvida cada uma delas. Depois, imaginei as células brancas do sangue – numerosas células saudáveis e sábias que facilmente identificam qualquer célula doente – e, com um ligeiro toque, injetei enzimas dentro das células doentes. As paredes das células doentes sucumbiam e nasciam em seu lugar novas células saudáveis, radiantes e inteligentes. Sabia que isso era fisiologicamente correto e ajudou-me a imaginar como uma grande célula saudável injetando enzimas de dúvida dentro dos padrões doentios e prejudiciais da dúvida. Sentia a dúvida desaparecendo e minha energia de alegria voltando.

Concentrei-me em inserir dúvida dentro da dúvida e criar certeza pelas seguintes afirmações:

"Duvido que o câncer tenha voltado. Escolho acreditar que posso curar a mim mesma. Outros têm feito isso então eu também posso. Escolho relembrar que me sinto bem disposta. Tudo de que preciso fazer é tirar um tempo para descansar, fazer o meu trabalho curativo e me sentirei ótima outra vez. Sou audaciosa, independente, autoconfiante e corajosa, e prefiro ser assim que depender dos pensamentos, opiniões e crenças dos outros para me mostrar o caminho".

"Posso duvidar do que o médico disse que devo fazer. Tentei cirurgia, quimioterapia e está claro para mim que esse não é o meu caminho. Gosto de estar no meu caminho mais do que no dos outros, mesmo que eles sejam médicos treinados. A medicina é boa em um sentido, mas não consegue tratar a pessoa como um todo. Ela está ainda em processo de evolução e no final médicos vão estudar ou precisar de diplomas em psiconeuroimunologia. Alguns médicos já estão fazendo exatamente isso".

"Duvido que minha amiga tenha morrido porque era tarde demais para o tratamento. Ela morreu, com toda probabilidade, porque era miserável. Odiava sua vida e queria morrer. Era envergonhada demais para falar de sua dor. Não tinha ninguém com quem se abrir. Se eu soubesse então o que sei agora, poderia tê-la ajudado. Perdôo-me por não ter sabido".

"Duvido que seja minha culpa que qualquer coisa dê errado na vida de outras pessoas que têm algo a ver comigo. Outras pessoas têm suas lições a aprender e sua própria jornada de vida. Não compete a mim salvá-las. Elas podem salvar a si mesmas. Sei que quanto mais alegre e livre me sinto, mais energia tenho para curar. Então posso ser uma inspiração para outros fazerem o mesmo".

"Duvido que tenha tentado de tudo. Existe uma grande sabedoria em mim. Experimento penetrar mais profundamente nessa fonte de ajuda e ver o que acontece".

"Duvido que não serei respeitada pela minha crença de que eu e meu mais alto poder possam curar-me. É a minha vida. Posso escolher respeitar-me, não importa o que me pareça certo acreditar e se os demais o aprovam ou não. O que eles pensam e acreditam é problema deles, não meu".

"Duvido de qualquer coisa que me faça me sentir insegura. Quanto mais cultivo a fé em meu conhecimento interior, mais certa é a minha capacidade de me sentir disposta. Quanto mais me sinto disposta, mais rápido posso me curar".

Em um curto período – algumas vezes em poucas horas apenas, outras vezes em poucos dias – recuperaria minha certeza. Minha energia vital emergia e eu estava de volta ao meu caminho de recuperação. Em novembro de 1995, meu médico confirmou que o câncer tinha desaparecido.

Criando certeza

As dúvidas de que você tem sobre si mesmo estão na proporção direta à sua capacidade de criar certeza sobre curar-se a si mesmo. O que você decide acreditar para criar certeza é escolha sua. Então o trabalho é ir profundamente para o interior e ver onde você ainda duvida de si mesmo. Por exemplo: "Não sou bom o bastante. Serei ridicularizado se andar por aí com a certeza de que posso me curar. Algumas pessoas ficarão enciumadas, invejosas ou desconfortáveis vendo-me plena de certeza e podem encontrar maneiras de me ferir e de me pôr para baixo".

Dúvidas típicas que passam pela mente: "Quem você pensa que é? O que faz você pensar que é tão ótima? Que vergonha! Você não é nada". Ou você pode lembrar de ter ouvido por acaso alguém dizer: "Ela pensa que sabe como se curar, mas não sabe". Mesmo se ouviu outros fazendo esse tipo de comentário sobre outras pessoas, essas afirmações penetram em sua consciência e inserem a sensação de dúvida em sua mente.

Pense em todas as pessoas que podem ter lhe dado tais mensagens intencional ou inadvertidamente. Quando você sente dúvida, sente a dor em seu corpo, uma leve tensão nos ombros, no estômago ou no coração. Sinta o medo que está escondido debaixo dos sentimentos de dúvida. Você pode perceber que seu corpo fica tenso quando se alonga em dúvidas a seu respeito. A tensão pode ser sutil e passar desapercebida porque está profundamente enraizada em seu subconsciente. É importante permitir que esses sentimentos aflorem o mais completamente possível. Se você os negar ou apagar sem trabalhá-los, continuarão a envenená-lo. Respire profundamente naquelas sensações e observe os pensamentos que passam através de você enquanto o faz.

Por exemplo: "Se outros me vêem como confiável, podem temer perder o controle e ter que me desafiar. Podem sentir-se ameaçados pela minha nova sabedoria. Eles não gostarão disso. Podem tornar-se mesquinhos e usar a raiva para me intimidar. Podem me culpar e me fazer sentir miserável". Sinta cada pensamento que passa por sua mente, a tensão, a pressão que cada imagem produz. "Se expresso o que sinto ou penso serei rejeitado e então rejeitarei a mim mesmo e isso vai me ferir muito."

Dialogue em sua mente com aquelas imagens ou pensamentos. Tal como: "Por que você faria isso a si mesmo? Por que rejeitaria a si próprio". Então espere pela resposta. Uma resposta pode ser: "Para agradar aos outros, para que gostem de mim e não me rejeitem. Se duvidar de mim mesma, eles me verão como fraca e não vão se aborrecer me atacando". E assim por diante. Entre profundamente nessas áreas de seu subconsciente.

Respirar profunda e vagarosamente dentro das áreas de tensão ajuda a revelar esses padrões inconscientes de pensamento. Você pode lembrar incidentes da infância quando foi rejeitado ao se expressar. Talvez tenha sido inculpado por um professor na escola ou humilhado pelos outros que não sabiam o que estavam fazendo.

Tenha um diálogo interior com aquelas pessoas que trataram você dessa maneira. Imagine uma delas sentada à sua frente. Olhe para essa pessoa nos olhos e diga-lhe como aquela situação fez você se sentir. Por exemplo: "Quando você disse isso para mim, me senti como se houvesse algo de errado comigo. Eu me torci por dentro e meu corpo ficou tensionado, defendendo-se contra o ataque. Senti como se tivesse uma faca entrando em mim. Isso me fez sofrer sobre quão inadequado eu realmente poderia ser". Então perguntei a ela: "Era sua intenção fazer que eu me sentisse mal?".

Então imagine-se trocando de cadeira; você agora é a outra pessoa. Sinta-se como se fosse a pessoa que disse aquelas palavras que lhe causaram dor, então responda como se fosse ela. Você pode dizer algo como: "Não, não era minha intenção fazê-lo sentir-se mal. Eu estava apenas tentando chamar sua atenção".

Agora troque de cadeira e volte a ser você de novo. Não julgue ou esconda nada. Permita sua raiva crescer, se deseja, permita que sua ferida seja exposta e chore se sentir que tem direito. Imagine-se falando à pessoa até que ela compreenda como seu comportamento o fez se sentir. Você pode dizer alguma coisa como: "Quando você me falou daquele jeito ou naquele tom de voz, me fez duvidar de mim mesma", ou pode escolher sentir sua raiva mais completamente e com um tom de voz incisivo, dizer: "Não ouse falar assim comigo! Mereço mais que isso e insisto em ser tratado com respeito". Pode ser embaraçoso no começo dizer tudo o que está sentindo, mesmo sabendo que não será punido por sua coragem.

Agora imagine-se trocando de cadeira outra vez e se torne a outra pessoa. Sinta como se estivesse escutando as palavras que estão sendo ditas. Você pode responder algo como: "Sinto muito se disse alguma coisa que feriu você. Não estava tentando fazê-lo duvidar de si mesmo. Por favor, me perdoe. Nunca tive essa intenção". Mude de cadeira outra vez e seja você mesmo.

Para inserir dúvida na dúvida, é útil continuar com o diálogo até que sinta uma resolução, um sentimento de conforto. Depois de experimentar completamente e ter dito tudo o que lhe ocorreu, você pode ter um diálogo curativo. Pode dizer alguma coisa como: "Quero sentir amor por você e por mim. Quando você diz coisas que me ferem, paro de sentir amor por mim. E não me sinto bem comigo, sobre quem eu sou. Então paro de sentir meu amor por você e não me sinto amigável. Esqueço todas as coisas boas de que gosto em você e todas as de que gosto em mim". Ou qualquer coisa que faça a ambos se sentir inteiros e permita as sensações de amor fluir. Você poderia dizer alguma coisa como: "Se não estava tentando me ferir, qual era sua boa intenção?".

Imagine-se mudando de cadeira outra vez e sendo a outra pessoa. Você poderia dizer: "Eu estava completamente concentrado no que precisava fazer e apenas tentando fazê-lo. Nunca pretendi ferir você. Sinto muito. Minha intenção era apenas amá-lo".

Troque de cadeira de novo e permita-se receber essa comunicação. Tome um momento e inspire essa resposta. Permita-se soltar e liberar a dor e a ferida. Perdoe a outra pessoa e então a si mesmo.

É importante começar a administração interior. Se quando criança você recebeu uma grande dose de críticas que o fizeram infeliz, então qualquer coisinha pode fazer essa dor ressurgir e você recomeçar a sentir aquelas velhas dúvidas. Quando as dúvidas são provocadas, você também duvidará de suas novas decisões curativas.

É útil sondar profundamente em sua consciência e lembrar a primeira vez em que aprendeu a duvidar de si mesmo. Que imagens lhe vêm à mente? Olhe para dentro e pergunte-se: "Quanto duvido de mim mesmo e com isso aparece em minha vida diária?".

Logo será capaz de dizer: "Isso é o que eu estava sentindo e experimentando naquela época, isso é o que sinto neste momento". Anote isso. Então desafie cada uma dessas afirmações. Veja que evidência você tem para apóia-las. Desafie as inseguranças que as dúvidas criaram.

Autodúvida é resultado de mensagens acumuladas do passado que você guarda em seu coração e acredita. Fosse para agradar aos outros ou porque não tinha escolha, quando criança para pensar diferente, isso ainda pode afetar você hoje – até que trabalhe isso e o cure. Quando cria certeza sobre quem é e sobre seu direito de sentir alegria e amor, sua autoconfiança e sua saúde crescerão.

Melinda, uma dona de casa que estava enfrentando um câncer, me contou como se lembrou de uma menininha na escola maternal dizendo-lhe nomes feios: "Você é suja. Você é uma idiota", e como chorou quando ouviu aquelas palavras. Quando estava crescendo, sempre sentia que havia alguma coisa de errado com ela. Lembrou que era constantemente criticada por professores, pais e irmãos. Aprendeu a internalizar seus sentimentos de vergonha e culpa.

Estava convencida de que era incorrigivelmente culpada por tudo quanto saía errado na vida de todo mundo à sua volta. Tornou-se tímida e introvertida, continuando no padrão de culpar-se sem o saber. Casou-se com um homem que a tratava da mesma maneira que era tratada em criança. Estava tão acostumada a ser a culpada pelas frustrações e desapontamentos dos outros que não questionava. Continuava se culpando subconscientemente. Sentiu muita dor emocional por anos até que foi diagnosticada com câncer de mama.

Enquanto praticava os exercícios, foi capaz de reverter a auto-imagem que tinha criado dela mesma baseada nos incidentes da infância. Quando sua auto-imagem melhorou, começou a sorrir e a rir mais freqüentemente. Embora tenha se submetido à cirurgia, sentiu-se disposta e certa de que o câncer não reapareceria. Compreendeu que o câncer estava lhe dando uma mensagem de amor, dizendo-lhe para mudar a auto-imagem que tinha para uma que refletisse quem ela era realmente.

Mudar decisões doentias em decisões saudáveis, bem como criar exercícios de certeza, é mais bem realizado quando nossa energia está alta. Quando a energia está baixa, tome isso como sinal para relaxar e pedir ajuda ao universo. Este é um bom momento para fazer sua prática de relaxamento sem exercícios extras.

Comecei a prestar atenção em quando minha energia estava alta e quando diminuía. Aprendi a ficar longe de pessoas tóxicas com seus medos que me punham para baixo. Ia na direção das pessoas que me amavam e a quem eu amava. Percebi que assistir a certos programas de televisão tornavam-me nauseada e temerosa enquanto outros eram estimulantes e me faziam rir. O único programa que sempre assistia e me estimulava era o *show* de Oprah Winfrey. Houve muitas vezes em que me descobri gastando minha energia boa não consciente do que estava fazendo até me sentir fraca e exausta. Aprendia por tentativa e erro. Quando a energia estava alta, era capaz de agir admiravelmente bem em todos os níveis de minha vida.

Exercícios para colocar dúvida em sua dúvida e criar certeza

Para criar certeza colocando dúvida em sua dúvida, siga os oito passos a seguir:

1. Primeiro, identifique a crença ou atitude que está mantendo em sua consciência e que o faz duvidar de si mesmo e de sua capacidade de curar-se. Por exemplo: se está lutando contra o câncer, pode ter a atitude: "Esse câncer vai me matar e nada pode ajudar a curá-lo". Uma maneira de identificar sua atitude é concentrar-se em qualquer dor que esteja sentindo. Por exemplo, medo e dúvida são formas de dor bem como todas as emoções negativas. Para começar a curar essa dor, exagere-a, atole-se nela, torne-a pior, deixe-a espalhar-se através do corpo, fique com ela, chore. Chorar é muito curativo; derrete a energia bloqueada. Quando chorar, a crença ou a atitude emergirá.

2. Tão logo identifique a atitude, anote-a e veja se pensamentos adicionais aparecem. Por exemplo: "Vou morrer de morte horrível, dolorosa e torturante". Continue identificando em que outros pensamentos dolorosos acredita. Anote-os.

3. Agora um de cada vez, coloque dúvida dentro desses pensamentos; desafie-os com novos pensamentos curativos e pratique acreditar nessas novas atitudes. Por exemplo:

    - Outros têm se curado de câncer, então eu também posso.
    - Os pensamentos que escolho acreditar fazem uma significativa diferença.
    - Posso escolher me sentir calmo e quieto. Posso sorrir por dentro.
    - Estou no comando de meus pensamentos e sentimentos.
    - Muitos médicos cometem erros. Existe um grãozinho de possibilidade de que o diagnóstico esteja errado. Estou aberto à possibilidade de ficar livre da doença.
    - Muitas pessoas têm sido diagnosticadas com "remissão espontânea" quando seus médicos descobriram que sua doença tinha desaparecido. Escolho ser uma dessas pessoas.

4. A maneira de criar certeza é repetir estas ou suas próprias frases – mais e mais com sinceridade – usando, por exemplo: "Estou disposta; "Estou disposta a permitir ________________ em minha vida" (preencha o espaço) ou "Estou disposta a me abrir à possibilidade de que _________" (onde você poderia preencher "(...) esteja merecendo me sentir bem e recuperar perfeita saúde").

5. Em sua quietude, sinta a verdade e a sinceridade de sua disposição – nenhum movimento. Fique com esta disposição totalmente, seja um com ela. Por intermédio dos olhos da mente, veja-se e sinta as sensações de quando os médicos lhe disserem: "Aconteceu um milagre – sua doença se foi!". Lembro-me de visualizar e sentir a emoção de alegria quando imaginei meu médico dizendo essas mesmas palavras para mim. Quando aconteceu, eu

estava tão certa e acostumada a sentir aquele sentimento de tanto praticá-lo diariamente, que não me pareceu uma coisa nova. A certeza cria – "para falar com franqueza" – um tipo de conhecimento que não precisa ser provado. É melhor não fazer uma grande questão disso.

6. Proteja suas novas atitudes até que se tornem fortes como árvores. Coloque água e alimente-as diariamente com muito amor, repetindo e visualizando suas afirmações com alegria. Imagine-as como belas flores plantadas em seu subconsciente, no espaço entre seus átomos e moléculas. Imagine uma variedade de flores exalando perfumes de que gosta, crescendo para tornar-se poderosas e fortes árvores frutíferas. É melhor não falar às pessoas sobre suas novas crenças; suas dúvidas são contagiosas. Quando você estiver forte, poderá então dividir o fruto de sua árvore com todos.

O caminho para a saúde é sentir mais alegria, mais paz, mais harmonia e mais amor. Este é o combustível emocional que estimula os sistemas do corpo a funcionar em equilíbrio e harmonia. Você pode escolher experimentar essas sensações tanto quanto deseje. A escolha é sua.

7. Se dúvidas aparecerem anote-as. Desafie-as colocando-as em dúvida. Se você precisa enganar sua mente para criar certeza, faça isso.

8. Seja criativo à sua maneira para *sentir* a certeza com todos os sentidos. Cheire-a, prove-a, veja-a, sinta-a, seja a certeza, escute-a, toque-a, conheça-a, possua-a sem uma sombra de dúvida. Faça isso com calma e graça, sem esforço, para falar com franqueza. *Quando mantém essa realidade tão real como qualquer outra, ela se manifesta. É sua escolha optar pela realidade que deseja em sua vida.*

> Lembro-me freqüentemente dizendo-me: "Mesmo que não seja verdade, me faz tão bem acreditar nisso que não me preocupo. Não tenho nada a perder e provavelmente tudo a ganhar". E escolher acreditar em uma nova realidade me trouxe de volta minha saúde.

Pratique suas novas afirmações colocando em dúvida suas dúvidas três vezes ao dia. Para melhores resultados, faça isso depois de um relaxar profundo. Alguns estudos sugerem que as novas atitudes de certeza penetram o subconsciente depois de 21 dias de prática regular motivada. Algumas pesquisas indicam que toma cerca de seis a oito semanas para mudar uma atitude com prática sincera. Recomendo 10 a 20 minutos para cada prática, três vezes ao dia.

capítulo 10

PASSO 7: USANDO ENERGIA ESPIRITUAL PARA INTENSIFICAR A CURA

Durante a maior parte de sua vida, Karina sofreu de severas dores nas costas e também angústia por ter bloqueio de escritor. "Quero que minha criatividade apareça", disse esta mãe de 40 anos. "Escrever é importante para mim e não sei porque sou tão bloqueada."

Então ela confidenciou as fantasias sexuais que precisava para alcançar o orgasmo. "Só consigo ter um orgasmo se tiver fantasias de estar sendo abusada por um homem. Fico tão envergonhada e desejaria não precisar de tais fantasias", disse ela, tremendo de embaraço.

Sugeri que praticasse os exercícios deste capítulo. "O sábio *self* dentro de você lhe mostrará como curar os bloqueios em sua vida."

Ela suspirou aliviada.

Usar esses exercícios ajudou-a a explorar a fonte de sua necessidade de imaginar estar sendo abusada para sentir-se ligada sexualmente. Enquanto praticava o exercício para conectar-se com uma fonte mais alta, Karina fez uma descoberta. Lembrou de um incidente no qual seu rico pai forçava sua empregada a fazer sexo com ele. Karina tinha somente quatro anos, mas lembrou-se de ter se excitado sexualmente e tido um orgasmo enquanto ouvia a mulher implorando do banheiro: "Não, por favor, não senhor. Por favor, não".

"Solucei desamparadamente quando me lembrei subitamente daquele dia", admitiu Karina. "Foi como se meu cérebro se abrisse e pela primeira vez compreendi. Agora tudo faz sentido. A primeira experiência sexual – onde tive sensações de prazer sexual – estava associada ao abuso e ao medo. Desde então, parte de mim tem sido bloqueada por imagens que não me permitem honrar e respeitar a mim mesma."

"Abri seu livro para ver que exercício me ajudaria a curar essa questão. Minhas mãos pareciam estar sendo divinamente guiadas para o exercício do uso do poder da intenção concentrada. Comecei a praticá-lo diariamente. Dentro de poucas semanas de trabalho perdoando meu pai por essa crueldade e liberando aquelas imagens, a dor nas costas diminuiu rapidamente – e fui capaz de alcançar um orgasmo sem usar fantasias de abuso."

Alguns anos depois, Karina relatou: "Liberei o bloqueio de escritor – acabo de publicar meu livro!".

O passo 7 é reconectar-se com sua bondade e a mais poderosa fonte de toda cura – seu cerne espiritual ou o puro amor. Saiba que a mais alta parte do seu ser é bondade, beleza, verdade e amor puro. Lembre-se: os sentimentos de amor estimulam a resposta imune e liberam as químicas e os hormônios que produzem a cura. Os exercícios incluídos neste capítulo foram criados para facilitar o acesso e o uso desta mais valiosa fonte de cura.

Acessando o amor que cura

Como a energia curativa do amor é de suma importância para reverter e prevenir a doença, é vital que aprenda a explorar essa preciosa comodidade. Devemos começar por amar a nós mesmos.

Freqüentemente escuto meus pacientes dizerem: "Acredito que preciso que os outros me amem primeiro para então amá-los. Como posso mudar esta crença?". Esse é um falso conceito. Freqüentemente sentimos que o amor que precisamos para nos sentir melhores e acelerar o processo de cura tem que vir de fora.

Este não é o caso. A verdade é que temos acesso ao amor que pode curar porque ele reside *dentro de nós*. E temos um ilimitado suprimento dele quando aprendemos a acessá-lo.

É útil lembrar que sua fonte de amor não depende de mais ninguém. Outros podem amar você somente na extensão em que amam a si mesmos. Quanto mais amam a si mesmos, mais são capazes de sentir amor por você. Por outro lado, quanto mais se odeiam, sentindo-se culpados, raivosos e irritados, mais o odeiam, culpam, se irritam e têm raiva de você. Não há nada a fazer; é sua jornada. Precisam aprender a amar a si mesmos como você aprendeu a se amar. Você precisa desejar praticar a atitude curativa: "Estou pronto a me abrir à possibilidade de que sou digno de amor e que é seguro sentir amor por mim".

A razão para amar a si mesmo é não implorar aos outros que o amem. A verdade é que quanto menos você ama a si mesmo, menos o amarão os outros. *Você ama a si mesmo então está preenchido com sentimentos de amor e alegria que criam a cura em seu corpo.*

Freqüentemente, as pessoas se sentem embaraçadas por sentimentos de amor e tentam acabar com eles. Pensamentos como: "Vou tirar vantagem ou ser rejeitado?" bloqueiam o fluxo dessa valiosa fonte de cura. Uma atitude curativa para conter tal pensamento tóxico é: "Confio na sabedoria interior para saber como agir com firmeza quando necessário, enquanto me beneficio de sentir o fluxo do profundo amor inteiramente dentro de mim. Quanto mais amado e digno de amor me sinto, mais amado e digno de amor me torno".

"O que acontece se amo e não sou correspondido?", escuto freqüentemente meus pacientes perguntar. Esse é outro bloqueio tóxico ao acesso à energia curativa do amor. O antídoto para esse pensamento tóxico pode ser: "Quanto mais experimento a sensação de amor, não importa se os outros correspondem, mais saudável e forte me torno".

Algumas vezes culpamos a nós quando não nos sentimos amados. Uma paciente me contou: "Quando pensei que meu amor não fora retribuído, senti dor. Então, guardei comigo meu amor pelo medo de dar o que não era desejado. Comecei a duvidar de mim mesma. Talvez eu não seja digna de amor". Essas dúvidas causaram uma constrição no centro do coração, que mais tarde se mostrou como doença cardíaca. Ela atropelou seu coração para evitar sentir a dor da rejeição. Contudo, a dor de negar o próprio amor causou uma dor maior.

Subjacente às nossas dúvidas, existe geralmente uma atitude tóxica de que há alguma coisa inerentemente errada conosco. Essa atitude destrutiva nos desconecta do amor do nosso verdadeiro *self*. Acessar o amor interno nos permite reclamar nossa auto-estima e ser amorosamente curado.

Nicole, uma modelo estonteante de Nova York, queria superar seu medo de ficar sozinha em casa quando o marido estava viajando. Sentia um pânico tão severo que ficava incapacitada pelo terror. Uma amiga teve de ficar com ela enquanto estava trabalhando para curar seus medos.

Sua melhor cura ocorreu quando devotou tempo ao crescimento espiritual. Enquanto estava praticando diariamente os exercícios espirituais, Nicole não somente curou seu medo de ficar em casa sozinha, como alcançou seus anseios mais profundos.

"Vivo nesta bela cobertura, mas para mim isso não é importante", disse Nicole. "Sou mais feliz quando me sinto desapegada de tudo, sem nenhum desejo, exceto pela presença do Divino. Poderia viver em uma caverna e desfrutar a vida da mesma forma quando me sinto conectada com meu verdadeiro *self*. Então perco o interesse em tentar conseguir o que quero. A verdade é que a razão pela qual queria coisas de fora era para que pudesse sentir essa alegria. Quando me senti conectada à minha essência interior, senti esta alegria. Não tenho de lutar para conseguir coisas de fora. Sinto a maior confiança em mim quando deixo fluir o que acho que devo ser e me deixo fundir ao meu verdadeiro *self*."

Ela acrescentou: "Existem dias em que perco esse contato e começo a procurar por alguém ou por alguma coisa para me tornar bem disposta. Quanto mais pratico os exercícios, mais amo fazê-los porque me trazem de volta a mim mesma e este é o lugar onde eu mais desfruto estar".

"Quando concentro minha atenção na presença interior do Divino, me sinto o mais conectada à minha alegria interior", comentou. "O que foi mais útil foi sentir o desapego, descansando na luz e no amor de minha alma e permitindo ao meu *self* mais alto dirigir minha vida. Visões interiores que me ajudaram a compreender meus medos apareceram espontaneamente."

"Por exemplo, percebi como formo minha opinião a meu respeito de acordo com o que os outros pensam de mim em vez de como eu penso. Quando permitia que os pensamentos de outras pessoas me afetassem, me sentia miserável e os medos voltavam. Quanto mais me sinto conectada à bondade do meu mais alto e verdadeiro *self*, mais percebo que a minha opinião a meu respeito é o que realmente conta."

Exercícios para acessar o amor que cura

Para acessar o amor que cura, dê os quatro passos a seguir:

1. Repita estas afirmações curativas três vezes ao dia:

   "Aceito e amo a mim mesmo da maneira que sou. Aprovo a mim mesmo livre de condições que constrinjam o fluxo do meu amor. Quanto mais sinceramente amo e respeito a mim mesmo, mais amor flui alegremente pelo meu corpo. Mereço sentir o meu amor. Sei que é bom para mim. Sinto-me melhor do que nunca quando permito ao amor inundar meu coração, meu sangue, meus ossos, minhas células e todas as partes do meu corpo no qual a doença tem estado. Amo a mim mesmo. Meu mais alto e verdadeiro *self* é amor puro. Estou pronto a me abrir para esse conhecer e sentir. Sou amor. Sou amor. Sou amor".

2. Sinta o amor em seu coração. Sinta esse amor fluindo por todo seu corpo, preenchendo-o de energia curativa.

3. Envie amor ao seu sábio e verdadeiro *self* interior e sinta-o voltando para você. Está sentindo o amor de seu mais alto e verdadeiro *self*.

4. Veja se consegue experimentar a presença do seu verdadeiro *self* interior. Sinta o amor que você é.

   Quando você se concentra no amor em seu coração, ele se expande e flui por todo seu corpo. Quanto mais puras, genuínas e intensas as vibrações de amor que sente, mais a energia do amor ajuda a curar seu corpo.

Você descobrirá que, enquanto concentra este amor em seu coração, acessará o nascedouro do amor profundamente no centro de seu ser (tem sido algumas vezes chamado de energia espiritual) para apressar sua cura.

Conectando-se a uma fonte mais elevada

Conectar-me ao espírito, ao meu verdadeiro *self* espiritual, ou poder mais alto, ajudou muito a me curar. Muitas bênçãos apareceram em minha vida. Uma delas foi um novo senso de coragem para abrir minha boca e pedir pelo que queria. Tinha sido sempre muito envergonhada, mas subitamente me descobri falando em alto e bom som.

Por exemplo, enquanto estava trabalhando como psicóloga em uma clínica de saúde mental, meu supervisor, que me treinou na terapia Gestalt, contou-me que tinha sido convidado a ensinar a terapia em Londres a um grupo de profissionais.

"Posso ir ensinar com você?", deixei escapar as palavras.

"Você é bem-vinda se puder pagar sua viagem", ele respondeu com um sorriso irônico.

Lecionar com ele me abriu novas portas, que levaram minha vida por novas direções maravilhosas.

Em 1993, quando estava experimentando o mais intenso terror de morrer de câncer, mudar minhas velhas decisões sobre a morte para uma compreensão espiritual aprendida do meu sábio *self* interior me ajudou a curar aqueles ataques de pânico. Meu corpo pulava de terror à noite, sentindo náuseas e meu coração se acelerava com os pensamentos de que estava para experimentar uma morte terrível. Tão logo identifiquei as crenças que estava albergando, o pânico acabou.

"Aha, então é nisso que você acredita", pensei, sorrindo para mim mesma. "Não tem de acreditar nisso se não quiser. Pode escolher novas decisões que a façam se sentir calma e alegre." Trabalhei nessas novas decisões três vezes ao dia e o medo da morte desapareceu.

Tinha me tornado extremamente bem-sucedida como psicóloga. A despeito disso, não havia nenhuma compreensão ou apoio para jornada mágica e espiritual que estava realizando. Na maior parte das vezes, me deparava com o ridículo e o sarcasmo da família, amigos e colegas. Gradualmente comecei a duvidar das minhas próprias experiências e a vida espiritual que preenchia minha alma de alegria diminuiu até o câncer me acordar em agosto de 1992.

Agora sei que era um toque de despertar, uma mensagem de amor da minha alma me convocando a realinhar minha vida com meu verdadeiro *self*, minha paixão, meu propósito e minha missão. Por causa do câncer, me tornei mais completamente consciente dessa missão. Cada vez que conversava sobre a possibilidade de erradicar a doença, a dor e o sofrimento da humanidade, meus olhos se enchiam de lágrimas de alegria. Sentia como se faíscas de energia rebentassem no topo da minha cabeça como fogos de artifício. Eu sabia que este era um sinal da sabedoria interior de que eu estava na pista certa.

Preste atenção a esses sinais. Eles lhe mostram as direções que aperfeiçoarão sua vida. Tomar atitudes de acordo com esses sinais é extremamente importante.

Diariamente me conectava com a sabedoria interior e perguntava: "Mostre-me o que preciso saber e fazer em seguida". Por exemplo, tive um pensamento: "Vá passear na praia". Tomei uma atitude e saí para o passeio. Fiquei admirada quando encontrei uma pilha de pedras que estavam posicionadas formando letras e palavras. As palavras eram: "Você ama tudo". Então isso era o que eu precisava fazer em seguida, pensei comigo mesma. Sabia que precisava praticar aumentando meus sentimentos de amor em relação a "tudo". Este era o meu trabalho. Os benefícios de tomar uma atitude baseada na orientação espiritual foram realizados e me devolveram ao realinhamento com meu *self* mais alto.

Exercício para conectar-se com uma fonte mais alta

Para conectar-se com uma fonte mais alta, complete os seis passos a seguir:

1. Sente-se confortavelmente ou deite-se. Inspire suave, calorosa, amorosa e relaxadamente. Exale profundo amor e partilhe-o com sua fonte espiritual ou *self* mais alto.

2. Para acessar uma mais alta fonte espiritual ou seu mais alto *self*, ajuda imaginar um iluminado, um professor espiritual ou mestre ou o seu Deus à sua frente. Você pode pensar em Jesus, Maria, Moisés, Maomé, Buda, Krishna, Elias ou qualquer outro santo, sábio ou em um amigo que confie que você sabe realmente se cuidar.
   Uma maneira de saber se uma imagem é a correta para você é a sensação que sente ou a energia que experimenta quando pensa nesta pessoa. Quando sente paz e calma, sabe que escolheu a imagem certa para você. Você pode também imaginar seu mais alto *self* interior de qualquer maneira em que ele lhe apareça.

3. Imagine-se se fundindo à energia do amor desse mestre espiritual.

4. Imagine-se contando a esse mestre tudo o que está em seu coração. Exponha sua dor e seja tão honesto quanto possível, como se estivesse conversando com um terapeuta ou um curador sentado à sua frente. Expresse qualquer medo, raiva, ressentimento ou frustração em sua vida.
   Freqüentemente ficamos dando voltas sentindo raiva das pessoas que nos aborreceram. Podemos ser apanhados por raiva, revanche ou aborrecimento.

5. Onde quer que esses pensamentos apareçam, direcione-os ao seu mestre espiritual ou seu mais alto *self* em vez das pessoas com quem está aborrecido. Simplesmente mude o foco dessas imagens para seu mestre e diga como está aborrecido como se ele ou ela fosse essa pessoa. Deixe seu mestre absorver a energia negativa e transmutá-la em amor. Conte ao mestre seus medos, preocupações, desejos, aspirações e preencha seu corpo com a energia do seu amor.

6. Renda-se a esse amor. Permita- se dissolver dentro das vibrações espirituais emanadas desse divino amor. Gaste quanto tempo precisar até sentir-se recarregado.

Você pode praticar isso ao longo do dia, onde quer que aborrecimentos ou pensamentos interfiram com seus sentimentos de alegria. Se alguém o feriu, confie em que o universo é justo e essa pessoa aprenderá a lição que precisa aprender. Você não tem que drenar sua valiosa energia concentrando-se em diálogos que o provocam interiormente.

Usando energia espiritual para curar

A energia espiritual é muito mais sábia do que você possa pensar. Existe ajuda disponível para nós que não pode ser explicada com a mente racional. Mas o coração sabe. Escute a voz do seu coração, o amor que está profundamente dentro do seu coração. Seu coração tem sabedoria para guiá-lo em como curar seu corpo e sua vida. Está aqui, agora, neste momento. Neste momento você pode abrir profundamente seu coração para sentir esse amor. Quando a porta se abrir, entre por ela. Sinta o amor em seu coração, mesmo se acha que suas ações não são perfeitas. Saiba que a maior parte da sabedoria nos chega através dos nossos erros – trazendo maior compreensão, compaixão, misericórdia, paz, alegria, amor e apoio. Seja apenas o que é – falível, vulnerável e aberto. Quanto mais você abre seu coração, mais completamente flui a energia da cura.

Exercício para usar energia espiritual na cura

Para usar energia espiritual na cura, siga os quatro passos seguintes:

A palavra "Deus" no seguinte exercício se refere a um poder mais alto, à inteligência infinita, ao universo ou ao amor puro. Use qualquer nome que tenha ressonância para você.

1. Repita o seguinte com reverência, seriedade e sinceridade. Você pode usar suas próprias palavras; esta é apenas uma orientação.
   "Em seu nome, meu Deus bem-amado (ou qualquer nome que ressoe com você), ajude-me a curar este corpo divino, este templo sagrado. Ajude-me a liberar a doença, a energia negativa. Ajude-me a ser Suas mãos, Seu coração, Seus olhos, voz e amor. Revele a mim quem sou. Ajuda-me a ser um recipiente vazio porque és o conhecedor, és o curador. Eu me alinho com a pureza das vibrações do

mais alto, lhes permitindo passar através de mim como uma corrente elétrica curativa."

2. Coloque a palma de sua mão direita alguns poucos centímetros adiante e em frente à área que está curando com a palma da mão esquerda voltada para fora. Capte energias curativas do universo, girando sua palma direita em movimento circular para dissipar a energia estagnada. Imagine a energia da doença evaporando em amor e sendo liberada para o universo através da palma da mão esquerda.

3. Use o som haaaaaaaa para ajudar a converter energia em amor.

4. Imagine a energia curativa passando através da área a ser curada como uma cor. Use qualquer cor que apareça em sua imaginação. Cada cor tem um valor diferente. Alguns estudos indicam que a cor verde ajuda a curar músculos e ossos; azul cura tecidos moles como os órgãos internos (fígado, rins, coração, pulmões etc.); e o amarelo lhe dá energia. Contudo, qualquer que seja a cor que lhe apareça lhe dará os benefícios que precisa.

De acordo com Dolores Krieger, que desenvolveu o Método do Toque Terapêutico baseado em pesquisas e estudos na Universidade de Nova York, usar energia colorida tem efeitos curativos em ratos, plantas e humanos.

Mobilizando a energia vida/força em seu corpo

A capacidade de mobilizar com sua concentração interior a energia Vida-Força em seu corpo é valiosa por muitas razões. Emoções dolorosas fazem os músculos se contraírem. Essa constrição faz o sangue fluir desarmoniosamente, bloqueando o fluxo da energia. Quando o fluxo do sangue é constringido, a energia fica estagnada e não se move livremente. O exercício que segue o ajuda a aprender conectar-se ao fluxo de energia interior, liberando os bloqueios causados por dor emocional. Esse fluxo de energia na base da espinha é conhecido nas tradições do ioga como Kundalini ou Vida-Força. Quando essa energia sobe pela espinha, saúde e capacidades espirituais crescem. Por exemplo, torna-se mais fácil manter um corpo saudável, flexível e jovem, enquanto outras capacidades se manifestam, tais como orientação intuitiva.

Esse exercício ajudou meu crescimento espiritual e minha capacidade de mobilizar energia dentro de mim mais livremente.

Exercícios para mobilizar a energia vida/força em seu corpo

Para mobilizar a energia Vida-Força em seu corpo siga os oito passos a seguir:

1. Sente-se ereto. Peça ao poder mais alto ou a seu guia espiritual por ajuda.

2. Imagine-se em perfeita saúde, vivendo a vida com mais paixão, expectação e entusiasmo.

3. Sinta essas energias abrindo seu coração, misturando-se ao amor que ali está. Abra seu coração e seu amor para absorver essas energias completamente.

4. Usando sua respiração, direcione a energia do amor – como se ela fosse líquida e com um arco-íris de cores curativas – subindo por sua espinha devagar, suavemente, com delicadeza, gentilmente, compassivamente, sentindo mover por dentro com lágrimas de alegria derramadas pelas cores.

5. Relaxe os músculos das pernas, braços, abdômen, peito, face, garganta e couro cabeludo. Deixe a mente relaxar.

6. Direcione as energias fazendo-as subir até o topo da cabeça e formando uma fonte de 30 centímetros ou mais sobre a cabeça, preenchendo o espaço em volta do seu corpo, sua aura e seu corpo espiritual com essas cores do amor.

7. Sinta os perfumes, toque-os, veja-os e prove-os. Escute os sons do amor e da alegria à sua volta. Continue fazendo isso até seu corpo estar preenchido com imagens e a energia da felicidade.

8. Derreta-se e dissolva-se dentro desse espaço ditoso até que seu corpo sinta-se pacífico, calmo, tranqüilo e sereno – de tal maneira que pareça que seu corpo desapareceu.

Usando o poder da intenção concentrada

Aprendi na Índia que existe um poder invisível nos sons e vibrações de certas palavras consideradas sagradas. Por séculos, por todo o mundo, pessoas de todas as tradições espirituais se sentiram conectadas a um poder mais alto quando as palavras sagradas eram pronunciadas. A repetição dessas poderosas palavras somente as fortalece.

Se você se sente confortável, repita suas palavras sagradas durante o relaxamento profundo e repita suas novas decisões curativas; ambas podem ajudá-lo a ancorar suas novas crenças mais depressa. É uma força coesiva que preenche o espaço criado pela liberação de velhos padrões. As vibrações desses sons solidificam novos e saudáveis padrões no subconsciente. É uma forma de intenção concentrada ou de prece.

Pesquisas têm demonstrado o poder da prece. Em seus dois livros básicos: *Healing words: The power of prayer and the practice of medicine* (As palavras curam, editado no Brasil pela Editora Cultrix) e *Prayer is good medicine: How to reap the healing benefits of prayer (Rezar é um santo remédio*, editado no Brasil pela Editora Cultrix), o dr. Larry Dossey demonstrou que a prece cura – mesmo a distância. Ele fez um estudo duplo-cego que mostrou como a prece e energia enviadas podem realmente curar pessoas que nem mesmo sabem que as estão recebendo. As pessoas que rezavam não sabiam nada sobre aqueles por quem rezavam, exceto nome e idade. Os resultados do estudo mostraram que havia uma significativa melhora da saúde nas pessoas que tinham recebido orações, enquanto as demais pessoas no estudo permaneceram da mesma forma ou pioraram.

Uma maneira de usar a intenção concentrada é entrar em profundo relaxamento e repetir as palavras de sua escolha, enquanto acrescenta uma nova decisão curativa. Essa força coesiva ajuda a ancorar uma nova crença a nível celular. Use as palavras com que se sente confortável. Repita o nome de Deus ou qualquer nome que esteja em seu coração. Se sentir que Deus não existe, recomendo uma frase profundamente espiritual ou palavra como amor puro, paz ou qualquer coisa que o preencha de vibrações mais altas. Repita isso constantemente ou tão freqüentemente quanto se lembre. Contudo, 24 horas por dia é o melhor. Diga a seu cérebro para repeti-lo enquanto está dormindo, conversando ou trabalhando. Em tempos difíceis, isso irá protegê-lo.

Dizer uma prece de intenção concentrada é uma maneira de ancorar a fé e a confiança em seu corpo. Repetir palavras sagradas foi como mágica para mim; elas me ajudaram a ter fé de que poderia me curar do câncer. A partir desse dia, quanto mais cultivei a fé e a confiança dentro de mim, mais minha vida floresceu. Muitas escrituras sagradas dizem que Deus é amor e que o amor é Deus. Um mestre da Índia, Babaji, disse: "O amor puro é muito poderoso. Ele é a antibomba atômica". Abrir o coração ao amor puro ou ao amor de Deus cura a alma, que é a mais benéfica cura de todas. Pode imaginar um amor tão intenso que se sinta estar amando o mais perfeito amante? Esse amor é o combustível que faz cantar nossos corações. *O amor é o combustível que não somente faz nossos corpos liberarem químicas e hormônios que nos dão um sentimento prazeroso de calma e de alta euforia, a liberação dessas químicas também fortalece o sistema imune.* Amor intenso é energia magnética que não somente cura, atrai e magnetiza para você os desejos do seu coração.

Não deixe passar um dia sem rezar sua fonte espiritual e pedir pelos desejos do seu coração – saúde completa e radiante. Então repita o nome de Deus incessantemente e sinta o amor restaurar sua saúde.

Aqui está um exemplo de exercício de intenção concentrada – ou criar sua própria prece, uma que tenha significado para você.

Exercício de intenção concentrada

Diga essas palavras à sua fonte espiritual com sagrada reverência:

> "Querido e bem amado Deus (Eu maior, energia Vida-Força ou tudo que existe), mostre-me como ser um com Você. Quero amar com pureza, incondicional, total e livremente, para amar como Tu amas. Por favor, mostre-me como fazer isso e me dê a sabedoria e a força para prosseguir".

> "Peço ficar livre de emoções negativas de todo tipo – raiva, ciúme, culpa, vergonha, incompreensão, competição doentia, aborrecimentos ou conflitos. Mostre-me como parar de me comparar aos outros. Mostre-me como ficar contente com a minha vida, sabendo que tudo está em divina ordem".

> "Sei que quando me sinto mal são os velhos padrões de auto-ódio. Sei que essas emoções negativas são

meramente indicadores me dizendo que estou resistindo ao bem-estar, resistindo a sentir seu amor, sentir alegria, celebrar a vida e permitir que meu desejo por uma saúde radiante se materialize. Sei que quando relaxo e permito que sua energia Vida-Força flua através de mim, saúde radiante é o meu estado natural de ser e minhas aspirações são manifestadas".

"Ajude-me a curar esses padrões interiores e a me tornar um exemplo para os outros de que é possível estar em saúde radiante e amor total. Ajude-me a ver a inteireza dos outros e sua perfeição, livre de julgamentos ou de sentimentos de superioridade ou inferioridade".

"Ajude-me a ver o espírito em mim e em todo mundo que encontro em vez de me deter nas imperfeições, fraquezas ou velhos padrões de personalidade. Ajude-me a ser um vaso puro da Tua luz, do Teu amor, da Tua alegria. Ajuda-me a me esvaziar de pensamentos que drenam minha energia e em vez de me preencher com a energia da felicidade, que é meu direito de nascença".

"Preencha-me com a energia da saúde pura e radiante. Peço que Tua bênção recaia sobre mim agora. Agradeço-vos, meu Deus bem amado. Agradeço-vos por abençoar minha vida".

capítulo 11

PASSO 8: SEGUINDO A FELICIDADE E VIVENDO COM PAIXÃO

Sam vinha sofrendo de ataques de depressão enquanto enfrentava uma doença cardíaca e estava encontrando dificuldades para locomover-se. Sua respiração ficava extremamente difícil cada vez que subia uns poucos degraus. Sentia que estava vivendo sem propósito e, além disso, odiava seu trabalho de contador.

Enquanto praticava o exercício para criar felicidade e descobrir sua paixão, ficou surpreso por sentir alegria. "Tive uma clara visão de viver em contato com a natureza, trabalhando com cavalos e me sentindo muito feliz e realizado. Não tinha idéia de que o desejo do meu coração era estar com cavalos na natureza."

Poucas semanas depois, Sam e a esposa dirigiram até um rancho de cavalos perto de sua casa para conhecê-lo. A ele pareceu a mesma cena onde tinha visto a si mesmo na natureza enquanto fazia o exercício. Aquilo espelhou sua experiência tão de perto que decidiu aceitar um trabalho de meio período. Nas poucas semanas seguintes, passando o tempo com os cavalos que amava e ensinando pessoas a cavalgar, sua depressão desapareceu.

Poucos meses depois, a esposa de Sam me disse: "Ele descobriu sua paixão e tem se deleitado com a vida desde que começou seu novo trabalho". Sam acrescentou: "Não me admira que estivesse depressivo o tempo todo, estava me forçando em período integral a fazer uma coisa que eu detestava. Descobri que posso fazer as duas coisas. Abri um escritório de contabilidade, escolhendo minhas próprias horas para trabalhar meio período, que gosto porque me equilibra com aquilo que amo fazer". Ele descobriu ser essa combinação de trabalho satisfatória e alegre. Quando seguiu seu coração e sua paixão, a vida tornou-se digna de ser vivida novamente. Dois meses depois seu angiograma mostrou que não havia mais nada em seu coração.

Seguindo sua verdadeira felicidade

Quando você segue sua verdadeira felicidade, se reconecta com seu verdadeiro *self* – sua bondade, amor, valor e alegria. Estes são os sentimentos que fortalecem o sistema imune, o trazem de volta à saúde. Quando você seguir aquilo pelo qual suspira seu coração, sentirá uma felicidade que o animará. Sentirá uma adorável bondade e uma incrível alegria.

Essas sensações de alegria liberam químicas e hormônios do cérebro, fortalecendo o sistema imune. O hipotálamo registra a sensação de alegria e libera químicas que enviam mensagens de paz, calma, amor, segurança, proteção, conforto e harmonia. Quando essas químicas fluem através do sangue, todos os sistemas do corpo funcionam harmoniosamente. A pressão sangüínea é perfeitamente regulada; o sistema digestivo funciona eficientemente, a respiração é lenta, suave e calma; e o corpo manifesta saúde.

Diariamente, escolho seguir o que deseja meu coração. Todos os dias, peço ao meu coração, e não para a minha mente, para ser o meu guia. Por exemplo, quando acordo de manhã automaticamente pratico o exercício de autocura enquanto ainda estou na cama. Isso me energiza com sentimentos de alegria. Saio para caminhar meia hora ou mais. Isso ajuda meu sistema cardiovascular a permanecer ativo. Então peço ao meu coração: "O que gostaria de fazer agora?". Então sigo sua orientação.

Geralmente a orientação é divertir-se com qualquer trabalho que eu precise completar naquele dia. Para ter diversão com as coisas que acho difíceis, tais como a papelada, imagino que estou assistindo a um filme sendo entretida por essa pessoa que me telefonou. Então, a papelada se torna uma tarefa fácil.

Em seguida, retorno para mim no intervalo do almoço. Como vagarosamente, desfrutando o sabor. Mastigo cada bocado pelo menos 50 vezes, como aprendi no método macrobiótico. Li um livro sobre um homem que curou a si mesmo de câncer mastigando cada bocado de comida 200 vezes.

Seguir minha felicidade algumas vezes me leva a aventuras incomuns. Tento fazer tão poucos planos quanto possível, além da hora de levantar para eventos espontâneos ocorrerem. Por exemplo, quando estava visitando Los Angeles, estava planejando celebrar a entrada do ano 2000 no Colorado. Então um amigo meu disse que estava indo para Mauí. Meu coração saltou quando escutei a palavra "Mauí". "Como seria maravilhoso", pensei. "Desejaria poder ir." Mas coloquei a idéia de lado porque já tinha feito planos de ir ao Colorado.

Quando estava levantando no dia marcado para voar para o Colorado, a palavra "Mauí" atravessou minha mente. Meu coração se abriu e senti uma energia tão doce de suave amor que isso me despertou. "Siga sua felicidade", ouvi meu coração dizer. Pulei da cama e mudei meu vôo. Maravilhosas sincronicidades e mágicas aconteceram durante as duas semanas em que fiquei em Mauí. A magia daquelas semanas continua desde esse dia – acabei me mudando para Mauí e fiz de lá o meu lar.

Primeiro, foi muito difícil seguir a felicidade do meu coração. Eu me sentia culpada apenas de pensar em fazê-lo. O que mais me ajudou foi perguntar a mim mesma diariamente: "Se eu tivesse somente umas poucas semanas ou poucos meses para viver, o que faria? Como passaria nesses dias?".

Decidi parar de me preocupar com finanças, cortar meu trabalho e despesas e viver uma vida mais simples. Desistir da minha segurança financeira foi muito assustador no princípio. Comprei uma casa na Índia por US$ 5.000 e então um trailer barato no Colorado. Acalmou minha mente saber que existiam maneiras menos caras de sobreviver do que as que estava acostumada. Também descobri que centros de ioga, *ashrams* ou centros de cura, localizados em toda a parte do mundo, eram outras opções de vida alternativa. Lá, você pode viver livre em troca de poucas horas de trabalho cada dia. Tao Garden, na Tailândia, é um exemplo de um centro de cura bonito e barato.

O objetivo primordial é que você viva dentro de seus recursos e não gaste mais do que seu orçamento permite.

Logo, minhas prioridades mudaram e se tornou mais fácil seguir minha felicidade. Decidi gastar mais tempo com a família e os amigos que amava. Comecei a viajar mais vezes a Israel, onde nasci, para atender aos anseios de minha alma de passar um tempo em minha terra natal. Passei muito tempo com meu filho, celebrando sua existência em minha vida. Cada dia me perguntava: "O que me traria alegria hoje?". E deixaria meu coração me guiar.

Lembro-me de ter visitado muitos médicos para *check-ups* de rotina. Um dia me perguntei: "É isso que quero fazer com meu tempo – aguardar em salas de espera de médicos – ou fazer outra coisa que me desse mais alegria?". Lembro-me de ter respondido: "Me daria mais alegria nadar com golfinhos e assistir a filmes". Levantei-me e saí do consultório. Fui para o Havaí e agora nado com golfinhos quando sinto que devo fazê-lo. Não tive necessidade de consultar médicos por muitos anos.

Torne-se muito sintonizado com seu corpo. Caso se sinta um pouco fora de curso, ache tempo livre e aumente sua rotina de autocura. Recuperei minha saúde mais depressa quando fiz isso. Descobri-me gastando tempo na natureza, fazendo caminhadas na praia, escalando montanhas e conectando-me ao espírito da natureza para ser feliz. Regularmente mantenho contato telefônico com minha família e amigos em todo o mundo. Gasto tempo com amigos que me apóiam e que são alimentadores e adoráveis. Tudo isso é o que faz meu coração se encher de felicidade.

Em 1996, pedi ao meu sábio *self* para me guiar para o que seria feliz fazer em seguida. Recebi uma resposta imediata: "Apaixone-se por alguém".

"Isso *poderia* ser divertido", admiti. Mas o próximo pensamento que passou pela minha cabeça foi: "Você só tem uma mama. Lembre-se, ninguém vai se apaixonar por você só com uma mama".

"Aha!", respondeu meu *self* sábio. "Então é nisso que você acredita, não é? Bem, mude essa crença."

Mudei aquela crença escolhendo uma nova decisão curativa que não sou o meu seio e mereço o homem mais maravilhoso do mundo. Em poucos dias praticando essa nova decisão, encontrei um homem maravilhoso. Nos apaixonamos e tivemos um casamento espiritual com golfinhos e baleias. Ficamos juntos por seis meses.

Fiquei admirada de descobrir que não custou muito para curar meu coração partido. Fazer os exercícios deste livro me ajudou a transferir o intenso amor que sentia por ele para sentimentos intensos de amor pelo meu *self* interior. Os seis meses que passamos juntos me pareceram 100 anos de amor, valendo pela vida inteira.

Era tempo de ir adiante, cumprir minha missão e escrever este livro. Se tivesse ficado com ele, o livro nunca teria sido escrito. Agora, estou aberta a amar intensamente a todos os seres humanos. Este é o meu verdadeiro deleite – amar a tudo e a todos.

Viver com paixão

Descobrir nossa paixão pela vida ou nosso mais profundo propósito nos dá uma razão para viver. Concentrar-se em *viver* nossa paixão em vez de morrer de câncer ou de outras doenças nos traz de volta o nosso verdadeiro *self*, que reconstrói o sistema imunológico e cria saúde. Se estamos concentrados no que realmente somos apaixonados na vida e verdadeiramente vivendo a vida com paixão, estaremos preenchendo nossos corpos com a energia que facilita a cura. Ao passo que, *se não temos paixão pela vida e nos concentramos na doença, é ela que vai crescer em vez da nossa paixão.*

Acredito que a maioria das pessoas morre de câncer e outras doenças porque simplesmente desistiu da vida. Sentiram que não tinham mais por que viver. Seus filhos cresceram ou seu cônjuge partiu, ou odiavam seu trabalho e suas vidas perderam o significado. Perderam seu propósito – suas paixões – e não tinham gosto pela vida. Tão importante quanto ser pai, cônjuge ou ter uma carreira, é ter além disso um profundo propósito de vida, uma missão que é a nossa parte em ajudar a fazer do mundo um lugar melhor e que realize nosso potencial. E *é de suma importância encontrar nossa paixão pela vida na cura da doença.*

Onde está escondida *sua* paixão? Você se beneficiará grandemente se fizer a si mesmo diariamente essa pergunta. Para descobrir sua paixão, faça a si mesmo as profundas perguntas: Qual é meu propósito na vida. Por que estou aqui? Quem sou eu? O que realmente quero ser e fazer da minha vida? Ajuda manter um diário e permitir que qualquer pensamento que passe por sua mente seja anotado. Comece com a afirmação: "O que eu gostaria de fazer principalmente é ____________" (Tome nota de qualquer coisa que suas mãos o levem a escrever. Não tente fazer sentido; mantenha-se automaticamente escrevendo. Mesmo que nada lhe ocorra escrever no começo, quanto mais pratica, mais provável um dia alguma coisa *virá* e você subitamente começará a sentir-se excitado.)

Alguns dos meus alunos descobrem que suas paixões pela vida são renovadas quando aplicam seu tempo em um trabalho voluntário por uma boa causa. Outros têm se juntado ao Big Brother ou Big Sister (voluntariado para auxiliar os jovens) para ajudar jovens a sentirem-se amados. Alguns têm se juntado aos Toastmasters (grupo de apoio para desenvolver habilidades de falar em público) e descobriram que têm talento para falar em público e prosseguem para se tornar palestrantes profissionais. Descobri que amava dedicar meu tempo voluntário a conferências de escritores e me sentia energizada ao encontrar tantos escritores, agentes e editores talentosos.

Muitas pessoas com mais de 60 anos começaram novas aventuras, tais como aprender uma nova língua, o que também aguça suas mentes. Outros se ocupam pintando, cantando, dançando, nadando com golfinhos, praticando skate, tênis, escrevendo livros, fazendo documentários ou filmes de longa-metragem, atuando ou qualquer coisa que alimente suas paixões.

Algumas vezes o câncer e outras doenças são soluções para problemas para os quais não vemos outro caminho. Trazem-nos para questões profundas da vida que não temos estado dispostos a nos dedicar, aquelas que têm nos afastado do nosso propósito. Agora vejo que meu câncer salvou minha vida. Pensava que tinha tudo. Era psicóloga muito bem-sucedida. Ganhava montes de dinheiro. Tinha muitos amigos. Parecia que eu tinha tudo que alguém poderia desejar. Contudo, lembro-me de sentir um anseio de me alinhar ao meu verdadeiro propósito na vida. *Existia um vazio que eu não compreendia.* Queria me sentir mais perto do meu verdadeiro *self* e do puro amor que senti em mim em várias ocasiões. Meu ex-marido não acreditava em Deus, então eu tinha bloqueado minha parte espiritual para agradá-lo.

Amava me conectar com pessoas espirituais que se preocupassem com o mundo, com a Terra e que fossem ativas em ajudar a curar a humanidade de maneiras reais e significativas. Ainda que minha alma estivesse ansiando sentir o profundo amor do divino e anelando fazer minha parte ao lado dessas pessoas, minha vida ocupada não me permitia tempo para isso. Estava desconectada do meu verdadeiro *self* e da minha paixão. *Estava morrendo por dentro sem saber.* A solução veio na forma de um câncer. Meu corpo estava dizendo: "Se você não vive a vida que quer viver, então vou fazê-la pagar a conta". Isso me despertou.

Descobrir minha paixão na vida me deu uma renovada razão para viver. Enquanto praticava os exercícios deste livro quando estava me curando do câncer, tive lampejos de um anseio de apagar a doença, a dor e o sofrimento da humanidade. Quanto mais me concentrava em minha paixão, desviando o meu pensamento do câncer, mais sentia emergir meu verdadeiro *self.* Ser e viver o que realmente sou ajudou a reconstruir meu sistema imunológico e criou saúde radiante em meu corpo.

Minha paixão está constantemente desabrochando. Os primeiros lampejos do meu propósito na vida têm se tornado mesmo mais poderosos. Agora sei que minha maior paixão é ajudar a curar a dor e a doença que vejo à minha volta em toda parte aonde vou. *Quando me alinho com essa paixão, sinto uma nova energia percorrendo meu corpo*. Sou preenchida de grande excitação e entusiasmo para ajudar a fazer acontecer. E é como um divertimento.

Sou grata pela mensagem de amor do meu corpo. O câncer tem sido uma sorte na desdita. Ele me deu uma vida de liberdade e alegria. Antes do câncer, não me teria permitido tanta diversão sem me sentir culpada. Teria achado que era egoísta divertir-se da maneira que meu coração queria. Agora, consigo sentir a conexão do amor divino e gastar tempo com pessoas espirituais que eu amo e que estão também cumprindo o que almejam suas almas, vivendo suas paixões e ajudando a humanidade, cada um à sua maneira.

Para aqueles que dizem: "É muito tarde. Estou muito velho para descobrir minha paixão ou meu propósito de vida. Vivi minha vida e agora acabou", quero lembrá-los do que Richard Bach diz em seu *best-seller Ilusões* – que se você ainda está vivo, não completou seu propósito. Estou agora nos meus 60 anos – idade em que as pessoas pensam em se aposentar – e sei que estou apenas começando. Estou apenas começando meu propósito de vida. Quero viver até uma idade avançada – mais de 120 anos – para experimentar tudo o que aprendi ao máximo. Quando me concentrei em minha paixão de ajudar a apagar a doença, um retorno de juventude pareceu ser um subproduto natural da energia renovada que senti. Visualizo-me com 120 anos, parecendo saudável e jovem como pareço agora. Quando estou em minha paixão, me sinto eterna e freqüentemente as pessoas dizem que aparento ser muito mais jovem do que sou.

Quando desafiar a doença, é importante concentrar-se nos objetivos que excitam sua imaginação. Não importa se pensa que são reais ou não. Muitos gênios foram ridicularizados quando novas idéias inspiradas lhes apareceram. Cem anos atrás, se você dissesse a alguém que um dia veículos com asas poderiam subir e voar pelos ares, provavelmente pensariam que estava maluco. Um objetivo realista que me ajudou e a meus alunos a se curar é ver a si mesmo brincando com seus netos e assistindo-os crescer. Visualize-se amando-os, nutrindo-os e guiando-os à compreensão de quão maravilhosos são, ajudando-os a se sentir seguros e salvos. O desejo de ficar vivo para ser parte de suas vidas ajuda o corpo a curar-se.

Visualize seus objetivos alcançados, seus livros publicados, seus talentos aperfeiçoados e a si mesmo alcançando novas possibilidades. Veja-se com a família e os amigos celebrando um feriado, visitando países que nunca viu antes, descobrindo novas aventuras, nadando com golfinhos e fazendo tudo o que sempre quis fazer. Seja criativo, inventivo, corajoso e permita fluir sua imaginação. Escreva as imagens que o inspiram em seu diário, onde quer que elas lhe ocorram.

Quando senti que estava morrendo, minha amiga íntima me ajudou a criar uma colagem colorida de objetivos que eu queria alcançar no futuro. Coloquei-a na porta da geladeira e olhava para ela diariamente. Alcancei todos eles e muitos outros mais que na época não tinha pensado.

Faça uma colagem dos seus sonhos. Corte imagens que apelem a você de revistas e cole-as juntas em uma folha de papel. Coloque em um lugar onde possa vê-la diariamente. Você se lembra de como as ovelhas de Jacó davam à luz filhotes malhados? Use sua imaginação para criar colagens dos seus sonhos mais extravagantes. Não os julgue impossíveis. Desfrute as imagens que produzem. Imagine cada vez que olha para isso que alcançou esses objetivos e sente a alegria por tê-lo feito. Assista como seu corpo reage, liberando químicas que fortalecem e curam.

Novas visões podem aparecer-lhe de tempos em tempos, enquanto você se concentra na sua felicidade e vive sua paixão. Sugiro que as escreva na hora em que aparecem. É dessa maneira que as novas invenções apareceram em nossas vidas.

Edison visualizou a possibilidade de ter eletricidade. Era uma visão extravagante que encontrou muito ridículo e ceticismo e foi descartada como loucura. Edison faliu vezes sem conta antes que finalmente fosse bem-sucedido. Você pode imaginar o que a vida era sem eletricidade – sem computadores, sem rádio, sem televisão, sem DVDs, sem máquina de lavar ou secar, fogões, aquecedores, secador de cabelos ou qualquer outro aparelho elétrico que agora são triviais e sem luz elétrica ao toque do interruptor quando entramos em uma sala? Todas essas coisas que são agora uma parte importante de nossas vidas somente nos chegaram nos últimos 100 anos porque um homem teve a coragem de seguir suas visões. Edison foi inquirido por um repórter: "Você fracassou 100 vezes, porque não desistiu?".

Ele respondeu: "Eu nunca fracassei. Apenas não o fiz da maneira certa. Cada vez era um sucesso porque o que você chama de fracassos apenas me mostrou o que não funcionava".

Seu corpo lhe mostra o que não funciona quando fica doente. Deixe seu coração e sua paixão mostrar o que funciona para que possa criar uma vida saudável, vital, alegre e apaixonada.

Exercício para criar felicidade e descobrir sua paixão

Para criar felicidade e descobrir sua paixão, siga os sete passos seguintes (você pode fechar os olhos para se concentrar mais profundamente no que está fazendo).

1. Concentre sua atenção em seu coração, no centro do peito. Imagine que seu coração é como um forte pulmão. Enquanto inala, expande o tamanho do seu coração e enquanto exala espreme para fora qualquer energia estagnada enquanto faz o som haaaaaaaaa. Faça isso três vezes.

2. Imagine situações estressantes em sua vida. Sinta-as em seu coração enquanto converte a energia que produzem

em amor. Sorria para seu coração e imagine que ele está sorrindo para você.

3. Continue fazendo este exercício com cada órgão e cada parte do seu corpo. (Seria útil conseguir um livro de anatomia e familiarizar-se com o tamanho, formato e localização de cada parte do corpo com a qual você esteja trabalhando.)
   a. Faça o mesmo com seus pulmões por três vezes. Troque sorrisos com seus pulmões nos dois lados do coração.
   b. Faça o mesmo com seu fígado, localizado no lado direito do seu corpo perto da caixa torácica.
   c. Faça o mesmo com seus rins, localizados abaixo das costas, do tamanho de pequenos punhos.
   d. Faça o mesmo com seu estômago, localizado do lado esquerdo do seu corpo debaixo da caixa torácica.
   e. Faça o mesmo com seu baço, localizado ao lado do seu estômago.
   f. Faça o mesmo com seu pâncreas, localizado abaixo do seu estômago.
   g. Faça o mesmo com sua vesícula biliar, localizada debaixo do seu fígado.
   h. Faça o mesmo com suas glândulas ad-renais, situadas no topo de seus rins.
   i. Faça o mesmo com sua bexiga, localizada no baixo ventre.
   j. Faça o mesmo com seus órgãos sexuais. (Para as mulheres, os ovários, localizados dos lados do baixo ventre. Para os homens, os testículos.)
   k. Faça o mesmo com seu timo, localizado acima do coração.
   l. Faça o mesmo com sua glândula tireóide, localizada na garganta.
   m. Faça o mesmo com seu cérebro e a caixa craniana.

n. Faça o mesmo com seu rosto e seu cabelo.
o. Faça o mesmo com seus ossos.
p. Faça o mesmo com suas mãos.
q. E faça o mesmo com seus pés.

Você pode fazê-lo em qualquer ordem que desejar, qualquer que seja a parte do seu corpo que lhe apareça para você se concentrar.

4. Perceba as sensações em seu corpo mudando enquanto faz isso. Continue até sentir alegria e felicidade.

5. Pergunte ao seu coração: "Qual é a sua paixão? O que você gostaria de fazer hoje que o alimentasse?". Espere silenciosamente por uma resposta.

6. Pergunte ao seu coração outra vez: "O que você desfrutaria fazer se todas as suas necessidades estivessem atendidas? Se tivesse todo dinheiro que deseja e todo o apoio que precisa, o que faria com sua vida?" Espere silenciosamente por uma resposta.

Você não tem que tentar pensar em uma resposta. A resposta aparecerá no tempo certo. Pode vir de maneiras inesperadas. O universo tem maneiras pouco comuns de expressar-se. Você pode encontrar um amigo que lhe diga alguma coisa a que seu coração responda com uma sensação que diz: "Sim, isso é o que poderia me alimentar e me daria alegria fazer". Por exemplo, você pode escutar alguém conversando sobre o show de Ophrah Winfrey e acontecer de assisti-lo no dia em que o tema focalizado é descobrir sua paixão. Ou pode ver um falcão voando alto sobre a sua cabeça e sentir vontade de fazer uma caminhada na natureza.

7. Tome a decisão de planejar fazê-lo. *Siga o chamado instintivo que o está guiando de dentro*. Faça a caminhada

tão cedo possa. Você pode perceber que novas idéias emergem enquanto nos conectamos à beleza da natureza. Planeje agir de acordo com as idéias que receber e decida quando implementar esta ação.

Criando uma vida saudável

Uma vez tenha começado a concentrar-se em sua paixão pela vida, pode querer usar o seguinte exercício para acelerar viver seu propósito e criar uma vida saudável. Tenho usado essa técnica por algum tempo para conseguir meus objetivos bem como a cura do câncer. Fiquei freqüentemente admirada com a velocidade com a qual meus desejos eram realizados. Descobri que desejos que estão em conformidade com o mais alto bem aparecem em minha vida tão logo venço minha resistência em sentir que os mereço.

Uma chave para desafiar sua resistência em merecer ser curado é usar a frase, "Agora estou pronto", por exemplo, "Agora estou pronto para ter boa saúde. Abro-me para a crença de que a mereço. Agora estou pronto a assumir meu potencial de ser pleno, alegre, energético, saudável e ter abundância. Abro minhas células ao amor divino fluindo dentro de meus ossos em harmonia e felicidade. Libero químicas e hormônios do meu cérebro enviando mensagens de sentir-se salvo, protegido, amado, digno de amor e feliz. Sinto sincera reverência pelo meu sistema imunológico e o mecanismo de cura natural dentro do meu corpo. Meu corpo sabe como se curar. Rendo-me à energia divina do amor, do mais puro Amor Divino e o meu mais alto bem".

Os benefícios da prática desse exercício incluem libertação da doença, capacidade de reagir com calma e tranqüilidade às situações estressantes e tornar realidade os desejos do seu coração. Um exemplo é que eu queria me curar do câncer e viver perto do mar. Por mais de 40 anos, vivi em outros lugares que não eram perto do oceano. Não acreditava que um dia pudesse encontrar uma maneira de viver a vida dos meus sonhos. Depois de fazer esse exercício em bases regulares, agora vivo no Havaí, livre do câncer há mais de sete anos e há alguns passos do oceano. Todo dia e toda noite, o som das ondas me acalma, me alimenta, me enche de deleite.

Esse exercício é baseado no que aprendi de mestres como Deepak Chopra e Haidakhan Babaji.

Exercícios para criar uma vida saudável

Para criar uma vida saudável, siga os cinco passos a seguir:

1. Anote sua visão, sua paixão, seu propósito na vida. Imagine o que faria se tivesse tudo o que sempre quis; mais dinheiro do que possivelmente pudesse gastar; e tanto amor, amizade e auxílio quanto desejasse. Preste atenção a seus verdadeiros desejos. Descreva a si mesmo seus objetivos com o maior número possível de detalhes. Também, anote sobre o estado de saúde desejado como se já o tivesse alcançado. Por exemplo: "Minhas células estão irradiando saúde; qualquer célula doente é dissolvida rapidamente enquanto novas células saudáveis emergem".

2. Imagine seus objetivos já alcançados. Sinta as vibrações do amor, da alegria e da paz irradiando como luz em seu corpo. *Quando vibramos com essas energias altas atraímos o que estamos imaginando a materializar-se em nossas vidas.*

3. Para saber que merece receber o resultado desejado, repita mais e mais profundamente em seu coração e mente: "Dou a mim mesmo permissão para alcançar abundância de boa saúde, especificamente ____________ (preencha no espaço qual é o seu desejo) em minha vida, pelo mais alto bem de todas as coisas e de todo mundo, incluindo a mim".

4. Um mestre me ensinou: "Tudo pode ser conseguido através de constante repetição de palavras que vibram com o mais puro amor. Esta é uma poderosa ferramenta da mente".

Quando eu repetia constantemente as palavras "o mais puro Amor Divino" (*Om Namaha Shivaya* em sânscrito) para mim mesma, minha mente se acalmava e eu me sentia como se estivesse descansando no mais puro amor. Ainda repito aquelas palavras. Tenho praticado esse exercício por muitos anos, algumas vezes com resultados estonteantes. Isso não apenas me ajudou a conseguir meus desejos, acredito que tenha salvado minha vida várias vezes. Quando estava me sentindo mais desesperada, percebi que tinha me esquecido de repetir aquelas palavras e lembrei que tudo podia ser conseguido por repeti-las. Fiquei intrigada ao descobrir que apenas *relembrar de* repetir aquelas palavras instantaneamente acendeu minha esperança e me inspirou saber que eu podia me curar.

Algumas pessoas descobrem que repetir o nome de Deus funciona bem para elas. Escolha uma palavra ou frase que, quando a repete, o faz sentir amor em seu coração. Por exemplo: "Repito com sinceridade a mais elevada vibração de amor puro que tudo cura todas estas necessidades para ser curada por dentro e criar uma nova vida saudável".

5. Apresente seus desejos ao seu sábio *self* mais alto, a um poder mais alto, a Deus ou ao universo. Seja neutro, desapegado de resultados, sentindo-se pacífico. Permita a seu *self* mais alto assumir e trazer para dentro de sua vida os desejos que são para o seu mais alto bem. Isso lhe será entregue quando chegar o tempo certo. Esta tem sido minha experiência: *Como acreditamos, criamos*. Observe seu mundo: O que você tem acreditado e criado? Quando fortalecer sua capacidade de criar crenças e imagens saudáveis e alegres, seu mundo irá "materializá-las".

Pratique diariamente esse exercício, uma vez por dia por alguns minutos até que consiga seu objetivo. Então, escolha um novo objetivo. Contudo, continue repetindo as palavras escolhidas no fundo de sua mente 24 horas por dia ou mais, tanto quanto se lembre. Fico sussurrando as palavras em melodias que inventei ou com qualquer música. Você pode dizer à sua mente subconsciente para continuar repetindo aquelas palavras enquanto conversa, trabalha ou dorme.

Uma palavra de precaução: use estes exercícios somente para objetivos positivos, tais como melhorar a saúde, a vida e as vidas daqueles à sua volta. Se você está com raiva ou ferido e deseja vingança, pode ferir a si mesmo no processo de desejar mal a alguém com quem está aborrecido. *Os sentimentos de vingança são tóxicos; o corpo libera esses sentimentos como químicas que causam a doença.* Evapore os sentimentos de vingança, raiva e ressentimento em sentimentos de perdão, compaixão e amor. *Você* tira o melhor proveito das vibrações dessas qualidades positivas. Deixe o universo, a Lei de causa e efeito ou Deus tomar conta das pessoas que o feriram. Acredite que a justiça sempre prevalece; podemos nem sempre saber como, e isso não é importante. Importante é seu corpo sentir-se bem e manter a saúde radiante.

capítulo 12

PASSO 9: CRIANDO UM AMBIENTE CURATIVO PARA REVERTER OU PREVENIR DOENÇAS

Tim, 7 anos de idade, vivia com um senso de insegurança e baixa auto-estima. Depois de perder todo o cabelo com a quimioterapia, sentiu-se envergonhado de sua cabeça careca, o que somente aumentava seu baixo conceito sobre si mesmo. Disfarçava sua vergonha mentindo constantemente, exagerando e brigando com a irmã mais nova. Estava também tendo problemas na escola.

"Por que crianças pequenas, mesmo bebês, contraem câncer?", perguntou sua mãe, Lisa. "Certamente elas ainda não desenvolveram padrões doentios de pensamento."

"Crianças são muito abertas, vulneráveis e sensitivas", repliquei. "Podem muito facilmente sentir as emoções criadas pelos padrões de pensamento dos pais."

"Verdade?", perguntou Lisa.

"Essas vibrações são contagiosas", continuei. "Embora os pais possam não contrair câncer, seu filho é exposto a uma combinação herdada de padrões de pensamento tóxico de ambos os pais. O corpo da criança reflete esses padrões."

Lisa respondeu: "Agora me lembro de ter lido sobre um estudo científico que mostrou que mesmo bebês no útero são afetados pelas emoções da mãe durante a gravidez".

"Certo. As boas notícias são que os pais podem ajudar seus filhos a curar problemas emocionais e as doenças que resultaram dessas atitudes tóxicas." Recomendei que a família formasse seu próprio grupo de apoio Círculo de Cura para ensinar a Tim as técnicas de autocura.

Enquanto praticavam os exercícios, os pais começaram a identificar seus próprios padrões herdados de pensamento tóxico. Lisa disse: "Meu marido e eu descobrimos que também exageramos e mentimos como também faziam nossos pais. Agora compreendemos que essa necessidade foi resultado de nossos sentimentos de não sermos amados quando estávamos crescendo. Percebemos que nossas crenças subconscientes de que não éramos bons o bastante nos levaram a tratar Tim de modo que também o fez sentir que não era bom o bastante. Isso faz sentido porque Tim mente tentando impressionar os outros".

Lisa admitiu: "Percebi que não era capaz de olhar nos olhos de Tim. Isso me aborreceu. Descobri que é mais fácil amar minha filha do que amar a Tim. Isso deve ferir seus sentimentos. Ele pode ver isso em meus olhos". Poucas semanas depois Lisa comentou: "Quanto mais praticamos os exercícios, mais me torno consciente das qualidades positivas de Tim e mais amor sinto por ele. Posso agora olhar dentro dos seus olhos com amor".

Seu marido, Henry, acrescentou: "Tim queria que lhe disséssemos que nós o amávamos. Imediatamente começamos a fazer isso. Concentrar em nossa decisão de apreciar e amar o outro e a nós mesmos tornou mais fácil dar e receber amor. É maravilhoso quão bem nos faz sentir".

As notas de Tim melhoraram, sua necessidade de mentir diminuiu e melhorou o relacionamento com a irmã. Como a família continuou fazendo os exercícios regularmente, Tim lentamente recuperou a saúde. Seu cabelo cresceu com sua confiança que não teria uma recaída.

Isso aconteceu há mais de 20 anos. Tim agora está casado e feliz, tem filhos e é presidente de sua própria empresa.

A pesquisa tem mostrado que as pessoas que se sentem apoiadas e cuidadas fazem melhor cura do câncer e outras doenças do que aquelas que não têm apoio. Portanto, *conectar-se a pessoas encorajadoras, nutridoras e auxiliadoras regularmente é crucial para a cura*. Contudo, estatísticas modernas revelam que mais de um terço das pessoas com câncer e outras doenças não tem um sistema de apoio.

Acredito que, se eu contasse com pessoas nutridoras, acalentadoras e espiritualmente auxiliadoras para me conectar com regularidade, não teria tido câncer. Naquele tempo, eu não sabia do que precisava. Se soubesse, teria procurado ou criado esse tipo de círculo de apoio. Agora, esse apoio é parte integrante de minha vida e saúde.

Não quero dizer qualquer tipo de apoio, porque algumas vezes o que é chamado de apoio pode realmente ser debilitante – mesmo de família, amigos e grupos de apoio bem-intencionados. Infelizmente, os únicos grupos disponíveis são os grupos de apoio padrão de câncer, *que se concentram na doença em vez de se concentrarem na saúde, cura e prevenção.*

Aqui está um *feedback* comum que recebo de meus alunos sobre esses grupos:

> "Freqüentei dois diferentes grupos de apoio de câncer e eles eram realmente austeros. Alguma bondade e cuidado, mas absolutamente nenhum encorajamento positivo de que fosse possível se curar em vez de morrer. Estavam apenas se agüentando juntos até que morressem".

> "Quando freqüentava esses grupos me tornei muito depressivo. Fiquei desesperado".

> "Testemunhar a dor dos outros, perder amigos chegados que não conseguem e morrem, imprimiu profundas atitudes de medo e desespero em mim".

Recentemente conversei com um paciente de câncer, um professor de Los Angeles, que me disse:

"O grupo de apoio de câncer que eu estava freqüentando era muito deprimente. Eu voltava para casa me sentindo pior".

O que escutamos nos afeta

Quando enfrentamos um câncer ou outra doença grave, ficamos mais abertos e vulneráveis ao que ouvimos. Perceba quando alguém lhe diz alguma coisa, como sua mente fica repetindo isso muitas e muitas vezes. Como um gravador que automaticamente repete a mesma coisa. Algumas vezes, esses pensamentos ficam com você muitos dias. É necessária muita energia para livrar-se deles e não ser afetado, se as mensagens são negativas e prejudiciais.

Depois da minha terceira recidiva de câncer – embora tivesse reunido muita sabedoria e começado a praticar as técnicas de autocura deste livro –, dúvidas surgiram sorrateiramente sem aviso. Ficava ótima quando estava sozinha sem interação com a família. Mas tão logo me sentia bem e forte, começava a reconectar-me com a família e os amigos. Contudo, *seus medos e dúvidas eram tão contagiosos que eu começava a me sentir doente outra vez.*

Lembro-me de como ficava mal ouvindo histórias horríveis de pessoas morrendo de câncer. Isso me afetava tanto que meus estranhos sintomas se intensificaram e meu tumor cresceu rapidamente. Levei um longo tempo para perceber essa conexão. Eu só conseguia pensar que o câncer estava de volta e que não havia nada a fazer. Cada pequeno resfriado, nova dor ou cansaço me fazia entrar em pânico de que o câncer tinha voltado. Tinha pouco ou nenhum apoio para manter minhas novas decisões curativas.

Freqüentemente escutava observações de amigos e parentes bem-intencionados, tais como: "Está se enganando a si mesma, você deve ir para o hospital". Essas observações tocariam como um disco cada vez mais em minha mente até que meu sistema imunológico enfraquecia e meus sintomas confirmavam que o câncer tinha se espalhado. Em retrospecto, esta foi a parte mais difícil da minha cura. *Quase morri antes que me tornasse consciente do que estava acontecendo.*

Em uma ocasião uma parenta veio me visitar e disse: "Você tem a ousadia de não escutar seus médicos e não fazer quimioterapia! Quem você pensa que é?". Uma parte de mim sabia que ela não entendia o poder da autocura, mas mesmo assim me senti amedrontada porque estava explorando um território novo e ainda não estava segura (esta parenta morreu recentemente de uma doença seguindo as ordens médicas e tomando todo tipo de remédio para tratá-la).

Quando seguia a orientação do meu coração e deixava minha casa para estar em uma atmosfera mais positiva, meu corpo reagia quase de imediato. Sentia-me melhor e mais esperançosa de que pudesse me curar. Tão logo voltava para casa, contudo, meu corpo começava a desmoronar diante dos meus olhos. Como não era tão consciente naqueles dias como agora, não via a conexão.

"Ei, minha família me ama", pensava comigo. "Por que fico doente de novo estando com eles?" Não fazia sentido. Eu os amava e queria estar com eles. O que não percebia era que eles não eram capazes de alimentar minhas decisões autocurativas porque estavam presos a seus próprios medos. Tudo o que sabiam eram as diretrizes médicas e acreditavam que câncer era sinônimo de morte. Portanto, não podiam ajudar, pois estavam presos a pensamentos de terror.

Padrões de pensamento tóxico dos outros também nos afetam. Eles nem mesmo precisam dizer nada; sentimos seus pensamentos em nosso subconsciente, o que nos afeta. Para a maioria das pessoas, mesmo a simples menção da palavra "câncer" cria pânico. Muitas pessoas sequer mencionam essa palavra. Uma amiga contou-me: "Sarah morreu". "Do que ela morreu?", perguntei. Ela apenas balançou a cabeça com uma expressão séria no rosto. Não queria nem mesmo dizer a palavra "câncer".

Estudos em terapia familiar mostraram que, quando doentes mentais hospitalizados melhoram após a terapia, são dispensados como "melhorados". Contudo, depois de um período de tempo em casa, tendo que lidar com os mesmos padrões de pensamento que os fizeram adoecer, perdiam as conquistas realizadas e eram hospitalizados outra vez. Da minha experiência, isso também é verdade em relação ao câncer e outras doenças.

Por exemplo, mesmo pessoas que freqüentam meus *workshops* regridem depois de voltar para casa. Elas freqüentemente dizem: "Me senti tão maravilhosa depois de assistir a seu *workshop*, mas poucas semanas depois recaí e comecei a me sentir miserável outra vez". O que acontece durante o *workshop* é que eles se concentram, na verdade, do seu mais profundo *self*, que é alegria, amor, paz, saúde radiante e pleno potencial, que naturalmente os faz se sentirem bem. Tão logo voltam para casa, não existe apoio e compreensão desses princípios curativos, escutam velhas atitude negativas e elas os afetam.

Naquele tempo, quando estava tão fraca e traumatizada pelo medo de morrer de uma morte horrível a qualquer dia, mesmo assistir televisão me afetava. Começava a ficar enjoada sem razão aparente. O que vemos na televisão é tão cheio de imagens negativas que afeta nossos corpos.

Raramente assisto televisão agora – somente *Oprah* e filmes de entretenimento, de inspiração e que me fazem rir. Rir é verdadeiramente curativo. Libera químicas que nos dão uma alta euforia que fortalece o sistema imune.

Por exemplo, Norman Cousin, por longo tempo editor da revista *The Saturday Review,* a quem foi dado seis meses de vida pelos médicos, decidiu que queria desfrutar sua vida durante aqueles poucos meses que lhe foi dado. Trancou-se em um quarto de hotel e assistiu a filmes engraçados o dia todo. Contou a seus amigos que queria apenas rir e pediu-lhes para não visitá-lo a menos que viessem contar piadas. Riu tanto que ficou bom. Viveu por muitos anos mais e escreveu vários livros, incluindo *Anatomia de uma doença* e *Head first: The Biology of hope and the healing power of human spirit (Cura-te pela cabeça – A Biologia da esperança,* editado no Brasil pela Editora Saraiva), e deu palestras no mundo todo.

A maioria das pessoas não pode se trancar em um quarto de hotel ou viajar para um *resort* curativo para estar em um ambiente de apoio e estímulo que lhes dê poder para curar. A próxima coisa melhor a fazer é ligar-se a um grupo de apoio verdadeiramente curativo, regularmente que nos apóie para *curar*.

Da mesma forma que palavras negativas podem nos debilitar e adoecer, quando ouvimos palavras que apóiam e encorajam a noção que *podemos* nos curar, somos relembrados de que temos a capacidade de nos curar. E então é isso que fica zunindo em nossa cabeça mais e mais muitas vezes a cada dia. Geralmente não é sempre possível estar rodeado de pessoas iluminadas, inspiradoras e apoiadoras. Por isso que se reunir e formar um grupo de curas que nos alimente e apóie é tão vital – especialmente um que o lembre do que é possível que tenha esquecido ou se desencorajado. Quando você ficar deprimido, ele pode estimular seu espírito e energia, erguendo-o e colocando-o de volta aos trilhos da saúde.

O tipo de apoio de que estou falando o eleva tanto que você se sente encorajado e cheio de poder para fazer o que quer que precise para se curar. *O apoio que grupos de cura podem fornecer não somente salva vidas, mas são parte integrante do processo de cura.* Com o encorajamento e o apoio do outros que estão desenvolvendo padrões de pensamento similares, é muito mais fácil fazer as mudanças necessárias para reverter ou prevenir a doença. Sua consciência pode ser preenchida com decisões fortes, saudáveis e curativas. Então, perceba como elas se repetem em seus pensamentos durante a semana.

Como os atuais grupos de apoio de câncer não fornecem ferramentas que lhe mostram como se curar, obviamente esses grupos não funcionam se você está interessado em recuperar sua saúde. O que é realmente necessário é concentrar-se em se curar e viver em vez de concentrar-se em doença e morte. Está provado que grupos de apoio ajudam pacientes de câncer a sobreviver por mais tempo. Na minha visão, viver mais não é aceitável quando o câncer pode ser curado. Porque reversão e prevenção são possíveis – como meus pacientes, alunos e eu demonstramos – seria loucura acomodar-se com alguns poucos anos de vida a mais, de qualidade pobre, quando se pode desfrutar a vida em saúde radiante até uma idade avançada.

Se quiser fazer parte de um grupo de apoio Círculo de Cura, entre em meu site www.youheal.com. Você encontrará um programa completo de apoio para cura e prevenção para pacientes, seus entes queridos, pessoas que cuidam dos enfermos e profissionais de saúde. Esse sistema lhe dá orientação detalhada de como continuar seu crescimento com o apoio de um ambiente poderosamente curativo.

Quão rápido você está pronto para ter saúde e uma vida maravilhosa? Até quando quer se sentir doente e não bom o bastante? Um dos mais poderosos passos que você pode dar em sua jornada de volta à saúde é criar um ambiente curativo para reverter sua doença. Este é o melhor presente que você pode se dar para apoiar sua cura.

capítulo 13

PALAVRAS FINAIS DE ENCORAJAMENTO

Em março de 1994, meu médico me disse que o tumor canceroso na minha mama tinha diminuído pela metade. Senti-me profundamente alegre. Sabia que estava no caminho certo e que me curaria. Continuei praticando minha rotina diária de cura três vezes ao dia.

Houve dias, contudo, em que dúvidas apareciam. Eu teria falado com alguém cujo câncer tinha se espalhado e ficado desencorajada a ponto das palavras de alerta do meu médico subitamente aparecerem em minha mente: "Sim, é câncer e você deve ir imediatamente para o hospital".

"Mas o tumor diminuiu", eu lembraria a mim mesma. Contudo, quando as dúvidas voltavam, minha capacidade de visualizar diminuía e minha prática curativa não fazia nada por mim. Eu dizia a mim mesma:

> "Proteja sua energia. Fale com alguém que a ama e apóia seu trabalho de autocura. Dê a si mesma permissão para não ler jornais ou assistir a programas de televisão que o aborreçam. Fique longe de pessoas bem-intencionadas que a fazem duvidar de sua capacidade de curar a si mesma. Interiorize-se e conecte-se com a sabedoria de sua orientação interior. Vá com calma e desfrute apenas o estar vivo e respirando. Faça agora o que lhe dá alegria fazer. Lembre que outros o fizeram, então você também pode".

Cancelei todas as atividades exteriores e me sentei quietamente comigo mesma. Não foi fácil no começo. De tempos em tempos, sentia a terrível dor da solidão. Lembrava de um dos meus parentes dizendo: "Você pode ficar maluca ficando sozinha". Fiquei com a dor, respirando dentro dela e sentindo-a completamente. Dei-me permissão para chorar e sentir todas as minhas emoções completamente. Arranjei tempo para descansar e ficar na cama.

Senti-me culpada por fazer o que minha mente achava que era nada. Pensamentos como "Você deveria fazer isso e aquilo" constantemente interferiam em minha tentativa de relaxar e continuar na prática. Enfrentei aqueles impulsos que me ordenavam fazer, fazer, fazer. Disse a mim mesma: "Se você morrer, qual o benefício de todas essas coisas que sente que deve fazer em vez de descansar?".

Quanto mais descansava e gastava tempo sozinha em silêncio, mais minha energia crescia e logo minha alegria reapareceu. Quando uma vez mais senti alegria, o trabalho de autocura tornou-se mais poderoso e meu corpo começou a recuperar vitalidade e força. Tão logo estava me sentindo maravilhosa de novo, esquecia como tinha estado desesperada e sem esperança somente alguns poucos dias antes. Começava a assumir novos projetos, encontrar com pessoas e interagir com o mundo exterior – e voltava à estaca zero. Minha energia era drenada de novo.

Tinha de me treinar a ficar profundamente em sintonia com os sinais que meu corpo estava me dando. Uma leve tensão me diria: "Pare, volte atrás e vá com calma antes que sua energia seja esgotada outra vez". Era um desafio porque eu estava palmilhando um território novo. Não havia ninguém para me mostrar o caminho.

Quando aprendi a me concentrar em proteger minha energia, meu corpo recuperou uma saúde radiante. Oito meses depois, meu médico confirmou que o câncer tinha desaparecido.

Criando saúde radiante

Se você não vê resultados imediatos, não se desencoraje ou esqueça de praticar os exercícios. Demorou um longo tempo para criar sua doença. E pode tomar tempo para revertê-la. Nada é possível sem paciência. Imagine que você está fora do tempo. Vá com calma, faça menos. Mais não é melhor. No caminho da saúde, fazer menos funciona melhor.

Se está se sentindo desencorajado, é sinal de que está oprimido. Está tentando muito, fazendo muito. Respire e relaxe. Simplifique sua vida. Desista de tudo o que não está lhe dando poder e apoio em sua estrada para a saúde. Escolha o caminho do menor esforço. Faça alguma coisa alegre para aguçar sua energia. Saia a passeio, receba uma massagem, sente-se em uma banheira, assista a um filme engraçado, vá fazer compras ou qualquer coisa que lhe levante o espírito.

Quando resistência aparece em alguma parte do meu corpo, este é o exercício que faço. Em minha mente, abro o lugar e lavo-o no líquido do amor do meu coração. Quando me imagino abrindo, freqüentemente vejo imagens de um fogo destruidor queimando até que o líquido do amor puro é derramado sobre ele e a resistência desaparece. Repetir o nome de um poder mais alto ou uma afirmação de intenção concentrada enquanto coloco minha atenção naquela área parece-me ajudar a compreender a mensagem que meu corpo está me dando. A mensagem freqüentemente é "Respire, vá com calma, conecte-se com o sentimento de alegria interior". Não existe nada mais importante para criar saúde do que se sentir maravilhoso por dentro.

Outras vezes me imagino conversando com a parte de mim que está assustada, que poderia estar nos velhos padrões da infância. Pego aquela garotinha que está com medo e a abraço e encho de amor seu coração. Digo a ela que é boa e a encorajo a me dizer tudo o que está sentindo. Posso escutá-la dizer: "Há tanto a fazer e eu não sei como fazer isso tudo". Eu então respondo: "Estou pronta a colocar minha confiança no meu *Self* Sábio para me dizer o que faço em seguida com facilidade, alegria e divertimento". Quando repito essa afirmação sinceramente, com reverência, realinho a mim mesma com meu *Self* Sábio e me descubro no fluxo mais uma vez. Tudo é feito eficientemente e sem esforço.

Peça pela ajuda do poder mais alto ou de sua fonte espiritual. Peça para ser guiado. Escute e espere silenciosamente por sinais de sua sabedoria interior. Escolha uma simples atitude nova para praticar sempre que se lembre. Você pode querer experimentar esta frase: "Posso descansar minha mente e nutrir confiança na minha capacidade de aprender a curar a mim mesmo. Aprendi a fazer muitas coisas e, a seu tempo, dominarei isso também".

Não sinta como se tivesse de fazer todos os exercícios todos dias. A rotina diária de cura é importante fazer diariamente. Então pratique o exercício da sua escolha que sente que o ajudará mais. Pode não ser necessário a você fazer agora alguns dos exercícios. Eles são apenas orientações para ajudá-lo a encontrar seu próprio caminho para o que curará não somente seu corpo, mas também sua vida. Aprenda a confiar em sua sabedoria para guiá-lo àquelas imagens que poderiam lhe ser mais úteis e fortalecer sua conexão com seu verdadeiro *self*. Você pode misturar e juntar sessões ou sentenças de um exercício e criar sua própria versão do que deseja praticar ou do que lhe serviria melhor. Com prática e tempo, você dominará os exercícios e criará saúde radiante.

Mostrei a você o programa que me possibilitou curar a mim mesma de câncer de mama durante a terceira e pior recorrência, e voltar a ter uma radiante saúde – sem intervenção médica. A informação e os exercícios deste livro mostram-lhe que você também tem a capacidade de apagar a dor, o sofrimento e a doença de sua vida.

Existe uma última história que eu gostaria de partilhar com você, outro testemunho do poder da autocura quando se está enfrentando câncer ou outras doenças graves.

Em 1987, Beverly tinha somente 30anos quando foi diagnosticada de um carcinoma renal (câncer no rim). Submeteu-se a uma cirurgia para remover o rim direito e ficou livre do câncer por 14 anos. Mas, em 2001, apareceu uma metástase no pâncreas. Ela se submeteu ao procedimento Whipple, que é a remoção cirúrgica do pâncreas, da vesícula biliar, do baço, do duodeno e de parte do estômago.

A recuperação desse procedimento é extremamente difícil e demorou sete meses para Beverly sentir-se um pouco normal. Ela também sofreu de depressão durante a maior parte de sua recuperação. Quando a ressonância magnética de seguimento revelou metástase de células renais em seu fígado, ela e o marido Elliot, não sabiam o que fazer. Sentiram um sombrio desespero.

Em novembro de 2002, Beverly foi para o Centro de Câncer Cidade da Esperança, na Califórnia, para uma série de tratamentos com IL2. Nessa forma de quimioterapia, se dá ao paciente altas doses de uma droga que estimula o aumento das células brancas, na esperança de matar o câncer. É um tratamento muito difícil – os pacientes têm de ficar em tratamento intensivo, em repouso absoluto por uma semana. Vão para casa por duas semanas e então voltam para nova sessão. Os efeitos colaterais são muito piores que os da quimioterapia normal.

A ressonância magnética seguinte mostrou que os tumores não apenas tinham crescido em tamanho, mas também em número. Não havia razão para continuar o tratamento. Não lhe foi dada nenhuma outra opção pela equipe médica. Ela sentiu-se perdida e totalmente sozinha em sua batalha.

Beverly então tentou uma terapia com altas doses de vitamina C, mas o custo era de proibitivos US$10.000 por mês. Usou o tratamento por três meses, então disse ao médico que não conseguiria continuar. O médico disse que era incapaz de reduzir o preço. Era sua última chance, ou assim pensava ela.

Beverly começou a ler livros inspirativos do dr. Wayne Dyer. Eles abriram sua mente para muitas possibilidades. Quando seu marido escreveu ao autor explicando a situação, o dr. Dyer respondeu falando-lhe do seminário de cura em Mauí, ministrado pela dra. Shivani Goodman.

"Os exercícios de Shivani realmente funcionam", acrescentou.

Beverly assistiu ao seminário com seu marido e avidamente aprendeu a utilizar as técnicas de cura.

Duas semanas depois que voltou para casa e depois de seguir o método explicado neste livro, com muita fé, Beverly fez outra ressonância magnética. Ela mostrou que os tumores não somente diminuíram em número, mas os maiores tinham começado a morrer a partir do centro.

Beverly continuou a tornar-se mais forte e mais saudável a cada dia.

Autocura é uma viagem. Permita a você o tempo necessário para alcançar seu destino e seja paciente consigo mesmo ao longo do caminho. Concentre-se no desejo do seu coração e faça o que lhe traz alegria. Aplique-se diariamente nos nove passos da próxima página para assegurar que está fazendo o que é preciso para alcançar seu objetivo.

Lembre-se: outros o fizeram e você também pode!

OS 9 PASSOS

1. **Tome a decisão de ficar bem.**
   Decida viver em radiante saúde.

2. **Cure sua dor emocional.**
   Libere os maus sentimentos e desenvolva novos sentimentos saudáveis.

3. **Cure suas atitudes tóxicas.**
   Descubra as atitudes doentias que causaram a doença e tome novas decisões curativas.

4. **Pratique a rotina diária de cura.**
   Relaxe profundamente, se autocure, afirmando decisões curativas e consultando seu Sábio *Self* interior.

5. **Chame o médico interior.**
   Use a sabedoria interior para curar a doença e fortalecer o sistema imune.

6. **Use suas dúvidas para criar certezas.**
   Ponha suas dúvidas em suspeita, para criar o que você quer.

7. **Use energia espiritual para acelerar sua cura.**
   Conecte-se com sua essência para acessar o amor que cura.

8. **Siga sua felicidade e viva com paixão.**
   Escute a voz do seu coração e crie uma vida saudável e gratificante.

9. **Crie um ambiente curativo.**
   Rodeie-se com um círculo de encorajamento para apoiar sua recuperação.

apêndice

TRANSFORMANDO ATITUDES TÓXICAS EM DECISÕES CURATIVAS

Quando trabalhei com pacientes enfrentando câncer e outras doenças descobri que existem atitudes tóxicas subconscientes comuns a eles. A seguir, algumas das mais prevalecentes que podem ajudá-lo a você detectar as atitudes que precisam ser mudadas em você. Em oposição a cada atitude de auto-sabotagem, coloquei um exemplo de nova decisão curativa para mostrar-lhe como criar essas decisões fora de suas próprias crenças tóxicas.

Para localizar suas atitudes tóxicas, preste atenção em quando se sente amedrontado, aborrecido ou ansioso. Geralmente as emoções aparecem mais completamente à noite. Identifique e anote suas atitudes tóxicas e mude-as em decisões curativas. Faça cópias e carregue uma com você aonde quer que vá. Quando começar a se aborrecer, pegue uma cópia e leia sobre as decisões tóxicas e curativas. Você perceberá que por ler sobre decisões tóxicas que produziram emoções dolorosas, acontece uma descarga – quase como uma descarga de eletricidade estática – e as emoções geralmente se acalmam.

Perceba que quando lê as decisões curativas, que são saudáveis e lhe dão poder de se concentrar, sensações agradáveis começam a fluir em você. Além de colocar uma cópia da lista em seu bolso ou carteira e carregá-la com você onde quer que vá, pratique as novas decisões curativas após profundo relaxamento como ensinado na seção Decisões Curativas dos capítulos 6 e 7.

Minha interpretação pessoal é que decisões tóxicas estão em nosso inconsciente coletivo, herdadas de nossos ancestrais. Decisões curativas estão em nossa mente superconsciente, o *self* verdadeiro. Podemos penetrar aquela parte de nós e convencer nossa mente subconsciente a confiar e acreditar nelas. Elas são boas para nós e podem ser plantadas profundamente dentro do subconsciente praticando-se diariamente, três vezes ao dia. Podemos escolher nos sentir bem enquanto as assistimos crescer em belas árvores frutíferas que nos alimentarão.

Se achar difícil identificar suas atitudes tóxicas, use alguns dos seguintes exemplos para começar: comece trabalhando nas mais tóxicas que estejam interferindo em sua vida; você pode então desejar refiná-las identificando a que é de particular importância em sua vida pessoal.

Perceba que as decisões tóxicas na primeira sessão são escritas no tempo passado. Isso pode ajudá-lo a se abrir para o novo aqui e agora.

Relacionamento com o *self* e com os outros

Atitudes Tóxicas	Decisões Curativas
1. Até agora me senti envergonhado de minha existência. Sentia-me culpado se me percebia imperfeito. Pensava que tinha de ser perfeito e fazer tudo perfeitamente para sobreviver.	1. É seguro desfrutar a vida. Sou um ser humano falível como qualquer outro – nem mais nem menos e o que percebemos como falível é transitório. Agora vejo minhas imperfeições como a oportunidade perfeita para crescer.
2. É terrível ser falível; odiava isso. Acreditava que os outros me desaprovavam e,	2. É maravilhoso ser falível. Quanto mais amo isso, mais isso muda. Minha verdadeira

portanto, eu deveria me desaprovar. Quanto mais aprovo a mim mesmo, mais os outros me aprovam.

3. Até agora sentia não merecer amor porque me exibia e me sentia envergonhado de mim.

4. Achava que era uma vergonha e uma fraqueza ser bom.

5. Acreditava que não deveria ter necessidades.

6. Decidi que quando amava, devia receber amor em troca – que era humilhante e doloroso amar sem ser amado.

7. Precisava ser amado pelos outros para poder amar a mim. Se os outros não me demonstrassem seu amor morreria me sentindo abandonado, rejeitado e malquisto.

natureza cresce. Quanto mais aprovo a mim mesmo, mais os outros me aprovam. E minha saúde melhora.

3. Abro meu coração para saber que sou digno de amor. Estou mudando o que é modificável, de acordo com minha orientação.

4. Pode ser ou não desejável ser bom. Confio na minha sabedoria interior para me guiar.

5. Todo mundo tem necessidades e eu também tenho.

6. É saudável e seguro amar. Se os outros me amam é o reflexo de quanto amam a eles mesmos.

7. Posso ou não receber amor e posso sempre depender do amor do meu *self* verdadeiro ou do poder mais alto para satisfazer minhas necessidades. Posso escolher sentir amor por mim mesmo e pelos outros. Quando amo os demais, me beneficia sentir as vibrações do amor, não importa se eles me amam ou não.

8. Decidi que se amar profundamente farão troça de mim e me sentirei ferido.

8. Posso ou não ser humilhado por amar profundamente. Mas como eu reajo por dentro compete a mim. Agora sempre me permito sentir-me confortável.

9. Decidi que preciso temer ser atacado por sentir-me amado pelos outros. Eles ficarão enciumados, encontrando alguma coisa errada em mim para me colocar por baixo.

9. Posso ou não ser atacado por estar sendo amado e estou me cuidando em todas as circunstâncias, de acordo com minha própria orientação interior.

10. Decidi acreditar que era ou eu ou você. Se alguém mais era brilhante, belo ou rico, então, eu devia ser estúpido, feio ou pobre.

10. Existe você *e* eu. Os outros podem ser brilhantes, belos e ricos, e eu também. Eles podem ou não ser mais ou melhores que eu e mesmo assim me sinto bem.

11. Aceitei a decisão de que preciso ser gentil com as pessoas ou então não serei benquisto e acabarei ferido pelos outros.

11. Posso escolher ser gentil ou não, como desejar. Posso sempre ser autêntico para meu *self* real.

12. Decidi aceitar a decisão de que tinha que dizer e fazer a coisa certa para causar uma boa impressão.

12. Quando me sinto livre para me sentir bem e ser quem sou realmente, causo a melhor impressão.

13. Quando me sentia manipulado pelas pessoas,

13. As pessoas não me manipulam. Reajo à interação

escolhia me sentir mal, inferior, pequeno e humilhado.

com as pessoas e escolho reações saudáveis e calmas.

14. Podia não ser seguro dizer a verdade.

14. A verdade é libertadora e posso aprender a discernir quando é seguro ser aberto e sensitivamente honesto e quando é melhor ficar em silêncio.

15. Escolhia acreditar que era perigoso ser honesto, que as pessoas tirariam vantagem de mim e me feririam.

15. É importante ser sensitivamente honesto; as pessoas podem ainda reagir de maneiras indesejáveis. Eu tomo conta de mim.

16. Decidi que devia proteger meus irmãos e irmãs, mesmo que fossem corruptos.

16. Meus irmãos e irmãs podem proteger a si mesmos. Podem ou não ser corruptos e eu tomo conta de mim.

17. Escolhia acreditar que tinha de aceitar como válidos os pensamentos e as projeções das pessoas a meu respeito e invalidar minha sabedoria.

17. Os pensamentos e as projeções das pessoas podem ou não ser válidos. É problema deles, não meu. Sou livre para tomar conta do meu negócio e reagir da maneira como o vejo.

18. Tudo o que acontecia de errado em toda parte do mundo eu acreditava que era culpa minha.

18. Sou um ser humano falível, nem mais nem menos. É certo apenas ser.

19. Achava que tinha de me sacrificar para proteger e ajudar os outros.	19. Posso protegê-los melhor continuando vivo, proteger-se e ajudar os outros é o que quero fazer.
20. Decidi que o que quer que faça nem sempre é bom. Podia não ficar perfeito e eu tinha de me preocupar constantemente com as reações dos outros.	20. Sempre faço o melhor que posso. As pessoas podem reagir de maneira agradável ou desagradável e escolho sentir-me confortável de qualquer maneira.
21. Conflitos eram apavorantes. Podiam me matar e a minha família.	21. O que deve acontecer acontecerá. Estou vivo agora e posso escolher desfrutar a minha vida.
22. Eu poderia morrer de uma morte horrível e torturante.	22. Posso escolher acreditar que morrerei de morte natural com um sentido de completude, realização e satisfação, quando estiver seguro de haver terminado o trabalho da minha vida na Terra.

Nas seções seguintes, as afirmações tóxicas são escritas no tempo presente. Veja em que tempo funciona melhor para você identificar suas próprias decisões tóxicas. Se desejar, pode mudar para o tempo passado o enunciado das decisões tóxicas.

INFLUÊNCIAS CULTURAIS

1. Preciso acreditar no que a sociedade me diz para acreditar e construir minha vida de acordo com os pensamentos e as opiniões dos outros.	1. Me desfaço da realidade construída sob falsas premissas e dou a mim mesmo uma nova realidade. Perdôo a mim mesmo por construir minha vida sobre pensamentos e opiniões alheias baseados em um pensar defeituoso. Agora estou pronto a assumir a verdade e permitir a realidade mais pura e mais alta em minha vida. O amor é muito curativo. Abro meu coração para sentir profundamente o amor curativo. Escolho meus pensamentos e minha vida para refletir esse amor.

MEDO DO FRACASSO OU SUCESSO

1. Tenho que sentir dor quando não faço as coisas certas.	1. Posso escolher sentir-me contente sabendo que sempre faço o meu melhor, sejam as coisas que faço certas ou não. Se fizer as coisas da maneira errada, posso aprender dos meus erros, que mostram onde posso aprender e crescer.
2. Algumas vezes saboto meu sucesso fazendo e dizendo coisas estúpidas e me sentindo	2. Estou agora encorajando minha compreensão de que mereço ser bem-sucedido.

embaraçado, desconfortável e odiando a mim mesmo.	Quando minha consciência crescer, direi e farei coisas que apóiem meu sucesso. Posso sempre sentir compaixão e amor por mim, o que quer que eu perceba a mim dizendo ou fazendo. Quanto mais amor sinto por mim, mais direi e farei coisas que aumentem meu sucesso.
3. Devo ser mais do que sou. Se alguém é melhor que eu, significa que sou inferior.	3. Sou excelente como sou. Existirá sempre alguém melhor em certas áreas ou que tenha certas habilidades que eu não tenho. Posso ser melhor que alguém mais em certas áreas ou ter certas habilidades que outros podem não ter. É impossível comparar e posso escolher sentir-me bem apenas sendo quem sou. Todas as pessoas têm uma dádiva única a partilhar com os outros.
4. Apenas se for rico e famoso os outros me respeitarão e procurarão.	4. Escolho me sentir maravilhoso sobre mim mesmo e minha vida desde já. Se me procuram porque sou rico e famoso, não são os verdadeiros amigos que desejo.
5. Tenho que compreender tudo o que está acontecendo em toda a parte ou então	5. Sei o que sei e está tudo bem não saber o que não sei. Posso me levantar sozinho, se

ficarei vulnerável e os outros tirarão vantagem. Não sou suficientemente forte para tomar conta de mim.	necessário. Ninguém pode tirar vantagem de mim a menos que eu permita. Minha força está crescendo todos os dias. Posso tomar conta de mim.
6. Tenho que me fingir de forte para que os outros não vejam como estou assustado. As pessoas são como animais; podem sentir que estou com medo e me manipular para tirar vantagem.	6. Quanto mais pacífico sou comigo, menos temeroso sou. Posso praticar exercícios de autocura todos os dias para ficar mais concentrado no meu verdadeiro *self* e buscar a calma. Quanto mais calmo me sinto, menos temeroso sou. As pessoas podem ou não agir de uma maneira desejável e eu posso tomar conta de mim, de acordo com minha orientação interior.
7. Meu corpo me traiu. Minha doença vai me matar. Estou destinado a fracassar.	7. Quanto mais pratico as decisões curativas depois de profundo relaxamento, mais quieto e melhor me sinto. Os mecanismos naturais de cura são estimulados e meu corpo sabe como se curar. Minha sobrevivência é construída dentro de mim.
8. Se alguém é mais bem-sucedido que eu, acho que sou um fracasso e que não sou bom o bastante.	8. Sou sempre bom o bastante como sou. Sempre existirá alguém melhor em alguma coisa e posso escolher me sentir bem com isso.

Culpa

1. Eu sou culpado; deveria ter sabido melhor. Devia ter escolhido agir ou dizer coisas de modo diferente.	1. Tenho sempre feito o melhor que posso com a consciência, os recursos e a força de que dispunha naquele momento. Quando minha consciência cresce, posso escolher fazer as coisas de modo diferente.
2. Sinto-me culpado se tiro um tempo livre para descansar. Não estou realizando o bastante.	2. É bom tirar um tempo para descansar quando estou cansado. Posso aprender a manter um bom equilíbrio entre fazer e crescer. Ser pacífico pode ser uma realização maior que qualquer outra coisa. Descansar me ajuda a sentir meu verdadeiro *self* e ficar mais energizado.

Ciúmes

1. Odeio-me quando tenho ciúmes dos outros e tento esconder isso.	1. O ciúme é somente falta de auto-estima. Posso aprender a conectar o meu verdadeiro *self* e ser alimentado de amor. Quanto mais sinto esse amor dentro de mim, mais confiante me torno em minha capacidade de aprender e crescer. Qualquer coisa que seja boa para mim me virá. Posso liberar-me de todas as comparações.

2. Tenho medo de me sentir embaraçado ou ciumento e precisar esconder isso de mim e dos outros.	2. Estas são apenas sensações como outras quaisquer. Quanto mais autêntico sou, mais fácil é sentir todos os meus sentimentos sem julgá-los. Amo todos os meus sentimentos do jeito que são, incluindo o embaraço e o ciúme.

RAIVA

1. Preciso ficar com raiva, se alguém me fere ou abusa.	1. Posso sentir raiva momentaneamente e usar essa energia para concentrar-me em alcançar meus objetivos. Ninguém pode abusar de mim com suas palavras, se eu não abusar de mim mesmo com pensamentos tóxicos. Posso escolher permitir que meu amor continue a fluir e tomar conta de mim apropriadamente.

RESSENTIMENTO

1. Tenho de ressentir-me daqueles que me ferem e buscar revanche mesmo que esses sentimentos estejam me envenenando.	1. Posso sentir ressentimento momentaneamente e convertê-lo no amor que ajuda a curar. A Lei de Causa e Efeito vai tomar conta deles por me ferir. Não tenho que me sentir mal, além de tudo. Posso, em vez disso, escolher parar de me ferir. Pode ser

	uma lição a aprender. Posso ter ferido alguém dessa maneira e não ter estado consciente disso. Um dos caminhos que aprendi é experimentar o que fiz aos outros através do que os outros estão fazendo para mim. Então me torno mais sensitivo e consciente e paro de ferir os outros.
2. Quando os outros me ferem, quero que sofram.	2. Quando rezo sinceramente e desejo aos outros que se sintam bem e tenham vidas alegres e plenas, isso faz que eu me sinta bem por dentro. Sou aquele que beneficia a maioria. Quando os outros se sentem bem, não têm necessidade de me ferir. Rezar por meus inimigos é curativo para mim e meu corpo se beneficia ganhando mais força e saúde.

Duvidando do universo

1. Como pode o universo me dar uma doença e me amar?	1. O universo é neutro. Meu corpo está me dando o *feedback* que me ajudará a crescer mental, emocional e espiritualmente. A doença me dá um empurrão evolucionário para crescer e ser o meu verdadeiro *self*.

	É uma mensagem de amor para criar uma vida mais amorosa e plena.
2. Como pode existir tanto sofrimento no mundo, se Deus nos ama?	2. Deus, ou o universo, pode ser comparado a avós que amam seus netos mais do que amam a si mesmos. Algumas vezes, os netos têm que experimentar a dor para crescer.
3. Se eu confiar no universo, posso estar errado e terminar desapontado.	3. Confiar é um sentimento bom que produz saúde. Quanto mais confio em mim, mais me alinho com o universo e mais minha confiança nele cresce.
4. Preciso sempre estar no controle. Estar fora dele é assustador e terrível.	4. Quando largo dos controles e confio no universo, ganho um autêntico controle altruísta e funciono melhor.

INFORMAÇÕES SOBRE NOSSAS PUBLICAÇÕES E ÚLTIMOS LANÇAMENTOS

Visite nosso site:
www.novoseculo.com.br

NOVO SÉCULO EDITORA
Av. Aurora Soares Barbosa, 405
Vila Campesina - Osasco/SP
CEP 06023-010
Tel.: (11) 3699-7107
Fax: (11) 3699-7323

e-mail: atendimento@novoseculo.com.br

Ficha Técnica

Formato	14 x 21 cm
Mancha	10,7 x 19 cm
Tipologia:	ClassGarmond BT Geometr231
Corpo	11
Entrelinha	14
Total de páginas:	248